Estudos de Umbanda

UMBANDA
PÉ NO CHÃO

Norberto Peixoto

Série Ramatís

UMBANDA PÉ NO CHÃO

Estudos de Umbanda

7ª edição / Porto Alegre-RS / 2025

Capa e projeto gráfico: Marco Cena
Revisão: Gaia Revisão Textual
Produção editorial: Bruna Dali e Maitê Cena
Assessoramento gráfico: André Luis Alt

Dados Internacionais de Catalogação na Publicação (CIP)

P379u   Peixoto, Norberto
          Umbanda pé no chão: estudos de Umbanda. / Norberto Peixoto. – Porto Alegre: 7.ed - BesouroBox, 2025.
          208 p. ; 16 x 23 cm

          ISBN: 978-85-5527-100-7

          1. Religião. 2. Umbanda - história. 3. Umbanda – estudos.
          I. Título.

                             CDU 299.6

Bibliotecária responsável Kátia Rosi Possobon CRB10/1782

Direitos de Publicação: © 2025 Edições BesouroBox Ltda.
Copyright © Norberto Peixoto, 2025.

Todos os direitos desta edição reservados à
Edições BesouroBox Ltda.
Rua Brito Peixoto, 224 - CEP: 91030-400
Passo D'Areia - Porto Alegre - RS
Fone: (51) 3337.5620
www.legiaopublicacoes.com.br

Impresso no Brasil
Março de 2025.

Sumário

Prefácio de Ramatís 9
Aos médiuns umbandistas 11
Palavras do médium 13

1. Umbanda: origem, história e nuances 15
- Origem da Umbanda: o advento do Caboclo das Sete Encruzilhadas
- Estrutura astral do movimento umbandista
- Orixás, guias e falangeiros
- Formas de apresentação dos espíritos
- As linhas de trabalho
- As firmezas e tronqueiras
- O Cruzeiro das Almas
- A curimba, os cantos e os toques – a música sacra de terreiro
- Os preceitos
- As consagrações
- A importância do sincretismo para a convergência universalista da Umbanda
- Algumas das influências e diferenças dos cultos africanos, da pajelança indígena, do catolicismo e do espiritismo.

2. O axé por intermédio da mediunidade 63

• Esclarecimento de Ramatís
• Estrutura energética do Homem, carma e regência dos Orixás
• Finalidade dos amacis e banhos de ervas
• A importância do ritual, o espaço sagrado nos terreiros
  e sua diversidade de culto
• Mensagem de Caboclo Pery
• O transe nos terreiros
• A incorporação consciente
• Por que pedimos silêncio no terreiro?
• As diferenças ritualísticas e a formação da consciência umbandista: a união
  nas desigualdades – religião, filosofia, ciência e arte

3. A magia na Umbanda: as dimensões física, etérea, astral e a movimentação mediúnica de energias entre elas 91

• O fundamento dos elementos e dos condensadores energéticos
• Os fundamentos do congá

4. A sessão de caridade 99

• A preparação dos trabalhos mediúnicos
• Os assentamentos vibratórios
• O desenvolvimento mediúnico
• Os passes e aconselhamentos espirituais
• Por que os Orixás não incorporam?
• A desobsessão na Umbanda e a contramagia para o reequilíbrio

5. Os Orixás 119

• Os sítios vibracionais dos Orixás
• Alguns tipos psicológicos associados aos Orixás
• Os florais
• Os cristais

6. JESUS E OS ENSINAMENTOS DOS ORIXÁS CONTIDOS NO EVANGELHO 157

• Oxalá
• Xangô
• Oxóssi
• Ogum
• Iemanjá
• Oxum
• Iansã
• Omulu e Nanã Buruquê

7. APOMETRIA: DESDOBRAMENTO-ANÍMICO MEDIÚNICO 187

• Relato pessoal do autor sobre uma experiência de incorporação em desdobramento astral
• Resumo das Leis da Apometria
• A dinâmica dos atendimentos
• As ressonâncias de vidas passadas
• A invocação dos Orixás
• Relatos de casos

8. EXUS: AGENTES DE REAJUSTAMENTOS CÁRMICOS 203

• Quem és, Exu, e o que fazem os espíritos que trabalham nesta vibração?

Prefácio de Ramatís

Este livro ainda não está pronto. Na verdade, nunca estará, pois será ampliado e atualizado ininterruptamente, com o passar do tempo, tal como a Umbanda, que se atualiza e se adapta às coletividades conscienciais em que está inserida, despertando-as gradativamente para as verdades universais do espírito imortal.

Faz-se relevante o entendimento de que os Orixás – seus aspectos psicológicos e arquetípicos relacionados às frágeis personalidades humanas, bem como os estados comportamentais afins a eles, que se expressam por meio da natureza dadivosa e sagrada das essências florais e da vibração dos cristais – são a energia de Deus materializada em diversas matizes na Terra, lembrando que Ele é o supremo energizante cósmico que a tudo preenche e anima.

A Umbanda é artefato precioso preparado pelas mãos da Divina Artesã Universal, a Grande Mãe, que educa, orienta, conforta e socorre. Está sendo descortinada gradativamente, e cada filho seu é um vaso valioso, feito na olaria com barro bem moldado, o que requer tempo, trabalho, suor e muita dedicação dos oleiros que preparam a argila, os abnegados Caboclos, Pretos Velhos, Crianças e Exus. Tantas são suas formas de apresentação quantas forem necessárias ao despertar das consciências das criaturas humanas enredadas nos ciclos de renascimento na matéria transitória.

Esperamos ter esclarecido definitivamente, aos leitores simpáticos à nossa índole universalista, a movimentação das energias (o axé) por meio da mediunidade, bem como quanto são dispensáveis os sacrifícios animais para a consecução da caridade com os Orixás e suas entidades, que se enfeixam nas falanges de Umbanda no Astral.

Sem nos prolongar, concluímos pela crucial importância do entendimento do Evangelho de Jesus e dos ensinamentos dos Orixás contidos neste pequeno e, ao mesmo tempo, grandioso compêndio de libertação cósmica dos espíritos "presos" nas encarnações sucessivas na aura planetária. Cristo, o Mestre dos mestres, vibrava em todas as energias sagradas provindas do Pai, portanto, todos os Orixás n'Ele estavam e assim Se tornavam Um com Ele e Ele com o Pai.

Compreendamos e pratiquemos os ensinamentos divinos da Boa-Nova com o culto dos Orixás na Umbanda, como tão bem anunciou o Caboclo das Sete Encruzilhadas, libertando-vos de velhos hábitos atávicos que tornam a fé cega e a fascinação objetos de atos que acabam prejudicando seriamente o equilíbrio da psicosfera terrestre.

Dispensa-se, definitivamente, o apelo fantástico, milagroso, o "trabalho forte" que o fetichismo irracional, a mortandade insana de nossos irmãos menores e a dependência psíquica da força vital do sangue na magia criam nos cidadãos hipnotizados e conduzidos por "sacerdotes" venais para o precipício existencial.

Dia chegará em que os tribunais de Xangô, Orixá da justiça, estabelecerão o que é de cada um, conforme a seguinte máxima: a semeadura é livre, mas a colheita é obrigatória. A matemática da Lei Divina é implacável, pois quem deve, paga, e quem merece, recebe.

O Amor Universal não se condiciona à exatidão dos efeitos às causas geradoras, uma vez que é ofertado ao indivíduo que merece e ao que não merece, logo não depende de merecimento. Está disponível incondicionalmente. A Umbanda é transmissora desse amor. É a Mãe que abraça e ama os pecadores e caídos sem impor barreiras, assim como ama o justo e o sábio, tal qual a luz do Sol, que ilumina por amor, simplesmente por amor, farol sempre disponível a todos.

Muita paz e muita luz!

Ramatís

Aos médiuns umbandistas

Queridos médiuns, estudem para melhor praticar a caridade. Entre um instrumento mediúnico que não se instrui e outro que está sempre ampliando seus conhecimentos, ambos com a mesma cota de amor no coração, para servir ao próximo, qual terá mais valia para os espíritos desencarnados que os assistem, neste momento de expansão da consciência da comunidade umbandista?

Consciência é para ser assumida, e não escondida. Desse modo, aprenderão muito mais conscientes, com o guia "atuando" no psiquismo, do que com a insensata busca da inconsciência por métodos de iniciação artificiais que paralisam a evolução do médium. Mediunidade mais "forte" não é a que "apaga" a mente do medianeiro, e sim a que acende a chama do pensamento, amparado pelo aprendizado constante entre nós, do Além, e vocês, cujos pés estão fincados na Terra.

Portanto, chegou a hora de evoluirmos juntos. Os ponteiros cósmicos do relógio da Justiça Divina indicam que o tempo em que o guia espiritual fazia tudo acabou.

Deixo aqui um afago amoroso deste "velho" pastor para todos os filhos do planeta azul.

Caboclo Xangô das Sete Montanhas

Palavras do médium

A ideia de escrever este livro surgiu após o curso *Umbanda pé no chão*, cujo esquema programático foi ditado pelo amigo espiritual Ramatís. Em 2007, durante sete encontros semanais realizados no Grupo de Umbanda Triângulo da Fraternidade, em Porto Alegre (terreiro de Umbanda do qual sou dirigente-fundador), foi possível esmiuçar os conteúdos psicografados minutos antes de cada palestra, ou oriundos de estudos, práticas e pesquisas mediúnicas desenvolvidas ao longo do tempo. Ao final das preleções, houve uma opção natural dos participantes pela adoção do método de perguntas e respostas ao médium, recurso didático simpático à índole ramatisiana, que acabou por estimular a transcrição dos temas abordados para este guia de estudo.

Desta feita, porém, eu fui orientado a escrever cada tópico em forma de narrativa, compartilhando conceitos, dividindo experiências e relatando casos práticos do dia a dia de um templo de Umbanda que também adota a Apometria como técnica auxiliar de caridade. Como é de regra, em nenhum momento estive sozinho. Fui acompanhado, sempre que necessário, pelos amigos Ramatís, Caboclo Pery, Vovó Maria Conga, Caboclo Xangô das Sete Montanhas e Exu Tiriri Rei das Encruzilhadas, os quais emitiam suas vibrações de acordo com a afinidade ao tema abordado, pois, como eles mesmos dizem, "um só guia não sabe tudo".

Com esta obra, espero contribuir com nossa amada Umbanda, compartilhando experiências e conhecimentos, ciente de minha limitação como aparelho mediúnico. Todo o mérito dos ensinamentos aqui apresentados deve ser creditado aos guias espirituais. As dificuldades para que as mensagens se materializassem fielmente, por meio da escrita, se devem unicamente ao médium.

Nesta presente edição, ampliei o conteúdo dos capítulos, abordando com mais profundidade alguns temas. Também introduzi a descrição dos cristais por Orixá, um estudo importante, especialmente para a noção básica da ciência metafísica das pedras, utilizadas em assentamentos vibratórios nos terreiros. Todavia, mantive a estrutura inicial de oito capítulos e a proposta de simplicidade no texto, assim como simples é a Umbanda.

Saravá fraterno!

Norberto Peixoto

1
UMBANDA: ORIGEM, HISTÓRIA E NUANCES

• Origem da Umbanda: o advento do Caboclo das Sete Encruzilhadas • Estrutura astral do movimento umbandista • Orixás, guias e falangeiros • Formas de apresentação dos espíritos • As linhas de trabalho • As firmezas e tronqueiras • O Cruzeiro das Almas • A curimba, os cantos e os toques – a música sacra de terreiro • Os preceitos • As consagrações • A importância do sincretismo para a convergência universalista da Umbanda • Algumas das influências e diferenças dos cultos africanos, da pajelança indígena, do catolicismo e do espiritismo.

Origem da Umbanda: o advento do Caboclo das Sete Encruzilhadas[*]

No final de 1908, Zélio Fernandino de Moraes, um jovem de 17 anos que se preparava para ingressar na carreira militar, começou a sofrer estranhos surtos, durante os quais se transfigurava totalmente, adotando a postura de um idoso, com sotaque diferente e

---

[*] Nota do médium: O texto que se segue foi baseado em informações verídicas obtidas diretamente de fitas gravadas pela senhora Lilian Ribeiro, presidente da Tenda de Umbanda Luz, Esperança, Fraternidade (TULEF), que contêm os fatos históricos narrados, possíveis de serem escutados na voz de Zélio de Moraes, manifestado mediunicamente com o Caboclo das Sete Encruzilhadas. Em 2 de novembro de 2005, visitei Mãe Zilméia em sua residência, em Niterói, Rio de Janeiro, oportunidade em que também conheci dona Lygia Moraes, respectivamente filha e neta de Zélio. Dei conhecimento a ambas do presente texto, do qual obtive a confirmação sobre sua autenticidade e permissão para divulgá-lo.

tom manso, como se fosse uma pessoa que tivesse vivido em outra época. Muitas vezes, assumia uma forma que mais parecia a de um felino lépido e desembaraçado que mostrava conhecer muitas coisas da natureza.

A família do rapaz, residente e conhecida na cidade de Neves, estado do Rio de Janeiro, ficou bastante assustada com esses acontecimentos, achando, a princípio, que o rapaz apresentava algum distúrbio mental repentino. Em razão disso, o encaminhou a um psiquiatra, que, após examiná-lo durante vários dias, sugeriu que o conduzissem a um padre, pois os sintomas apresentados não eram encontrados em nenhuma literatura médica.

O pai de Zélio, que era simpatizante do espiritismo e costumava ler livros espíritas, resolveu levá-lo a uma sessão na Federação Espírita de Niterói, presidida na época por José de Souza, em que o jovem foi convidado a ocupar um lugar à mesa. Então, tomado por uma força estranha alheia à sua vontade, e contrariando as normas da casa, que impediam o afastamento de qualquer dos componentes da mesa, ele levantou-se e disse: "Aqui está faltando uma flor". Em seguida, saiu da sala, dirigiu-se ao jardim e retornou com uma flor nas mãos, que colocou no centro da mesa. Tal atitude causou um enorme tumulto entre os presentes.

Restabelecidos os trabalhos, manifestaram-se nos médiuns kardecistas entidades que se diziam pretos escravos e índios, ao que o dirigente da casa achou um absurdo. Assim, os advertiu com aspereza, alegando "atraso espiritual", e convidou-os a retirarem-se. Após esse incidente, novamente uma força estranha tomou o jovem Zélio e, por intermédio dele, falou: "Por que repelem a presença desses espíritos, se nem sequer se dignaram a ouvir suas mensagens? É por causa de suas origens e de sua cor?".

Seguiu-se um diálogo acalorado. Os responsáveis pela sessão procuravam doutrinar e afastar o espírito desconhecido, que desenvolvia uma argumentação segura. Um médium vidente perguntou à entidade: "Por que o irmão fala nesses termos, pretendendo que a direção aceite a manifestação de espíritos que, pelo grau cultural que tiveram quando encarnados, são claramente atrasados? Por que fala desse modo, se estou vendo que me dirijo a um jesuíta, cuja veste branca reflete uma aura de luz? Qual é seu verdadeiro nome, irmão?"

O espírito desconhecido respondeu: "Se querem um nome, que seja este: Caboclo das Sete Encruzilhadas, pois para mim não haverá caminhos fechados. O que você vê em mim são resquícios de uma encarnação em que fui o padre Gabriel Malagrida. Acusado de bruxaria, fui sacrificado na fogueira da Inquisição, em Lisboa, no ano de 1761. Mas, em minha última existência física, Deus me concedeu o privilégio de reencarnar como um caboclo brasileiro".

Prosseguindo, a entidade revelou a missão que trazia do Astral: "Se julgam atrasados os espíritos de pretos e índios, devo dizer que amanhã (16 de novembro) estarei na casa de meu aparelho, às 20 horas, para dar início a um culto em que esses irmãos poderão transmitir suas mensagens e cumprir a missão que o plano espiritual lhes confiou. Será uma religião que falará aos humildes, simbolizando a igualdade que deve haver entre todos, encarnados e desencarnados".

O vidente retrucou com ironia: "Julga o irmão que alguém irá assistir ao seu culto?". Ao que o espírito respondeu: "Cada colina da cidade de Niterói atuará como porta-voz, anunciando o culto que será iniciado amanhã". Para finalizar, o caboclo completou: "Deus, em Sua infinita bondade, estabeleceu na morte o grande nivelador universal. Rico ou pobre, poderoso ou humilde, todos se tornam iguais perante o desenlace, mas vocês, homens preconceituosos, não contentes em estabelecer diferenças entre os vivos, procuram levar essas diferenças além da barreira da morte. Por que não poderiam nos visitar esses humildes trabalhadores do Espaço se, apesar de não terem tido destaque social na Terra, também trazem importantes mensagens do Além?"

No dia seguinte, na casa da família Moraes, na rua Floriano Peixoto, número 30, ao se aproximar a hora marcada, estavam reunidos os membros da Federação Espírita, os parentes mais próximos de Zélio, amigos e vizinhos, para comprovarem a veracidade do que fora declarado na véspera, e, do lado de fora, uma multidão de desconhecidos.

Às 20 horas em ponto, manifestou-se o Caboclo das Sete Encruzilhadas, para declarar que, naquele momento, se iniciava um novo culto, em que os espíritos de velhos africanos escravos e de índios brasileiros, os quais não encontravam campo de atuação nos remanescentes das seitas negras, já deturpadas e dirigidas em sua totalidade para os trabalhos de feitiçaria, trabalhariam em benefício de seus irmãos encarnados, qualquer que fosse a cor, a raça, o credo e a condição social. A prática da caridade, no sentido do amor fraterno, seria a característica principal do culto que teria por base o Evangelho de Jesus.

Desse modo, o caboclo estabeleceu as normas em que se processariam as sessões: os participantes estariam uniformizados de branco, o atendimento seria gratuito e diário. Deu também nome ao movimento religioso, que passou a se chamar "Umbanda", uma manifestação do espírito para a caridade. A casa de trabalhos espirituais que ora se fundava foi chamada de Nossa Senhora da Piedade, pois, assim como Maria acolheu o filho nos braços, ali também seriam acolhidos como filhos todos os que necessitassem de ajuda ou de conforto.

Ditadas as bases do culto, após responder em latim e alemão às perguntas dos sacerdotes presentes, o Caboclo das Sete Encruzilhadas passou à parte prática dos trabalhos: foi atender a um paralítico, fazendo-o ficar totalmente curado, além de prestar socorro a outras pessoas presentes.

Nesse mesmo dia, Zélio incorporou um preto velho chamado Pai Antônio, aquele que, com fala mansa, foi confundido com uma manifestação de loucura de seu aparelho. Com palavras de muita sabedoria e humildade e uma timidez aparente, recusava-se a sentar-se com os componentes da mesa, dizendo as seguintes palavras: "Nêgo num senta não, meu sinhô; nêgo fica aqui mesmo. Isso é coisa de sinhô branco, e nêgo deve arrespeitá". Depois da insistência dos presentes, a entidade respondeu: "Num carece preocupá não. Nêgo fica no toco que é lugá di nego".

Assim, continuou dizendo outras palavras que demonstravam sua humildade. Uma assistente perguntou se ele sentia falta de algo que havia deixado na Terra, ao que o preto velho respondeu: "Minha caximba. Nêgo qué o pito que deixou no toco. Manda mureque busca". Tal afirmativa deixou a todos perplexos, pois presenciavam a solicitação do primeiro elemento de trabalho para a religião recém-fundada. Pai Antonio também foi a primeira entidade a solicitar uma guia, até hoje usada pelos membros da Tenda e carinhosamente chamada de "Guia de Pai Antonio".

No dia seguinte, uma verdadeira romaria formou-se na rua Floriano Peixoto. Enfermos, cegos e outros necessitados iam em busca de cura, e ali a encontravam, em nome de Jesus. Médiuns, cuja manifestação mediúnica fora considerada loucura, deixaram os sanatórios e deram provas de suas qualidades excepcionais. A partir daí, o Caboclo das Sete Encruzilhadas começou a trabalhar incessantemente para o esclarecimento, a difusão e sedimentação da Umbanda. Além de Pai Antônio, tinha como auxiliar o Caboclo Orixá Malé, entidade com grande experiência no desmanche de trabalhos de baixa magia.

Em 1918, o Caboclo das Sete Encruzilhadas recebeu ordens do Astral superior para fundar sete tendas para a propagação da Umbanda. As agremiações ganharam os seguintes nomes: Tenda Espírita Nossa Senhora da Guia, Tenda Espírita Nossa Senhora da Conceição, Tenda Espírita Santa Bárbara, Tenda Espírita São Pedro, Tenda Espírita Oxalá, Tenda Espírita São Jorge e Tenda Espírita São Jerônimo. Enquanto Zélio estava encarnado, foram fundadas mais de 10 mil tendas, a partir das mencionadas.

Embora não tivesse dado continuidade à carreira militar para a qual se preparara, pois sua missão mediúnica não o permitiu, Zélio Fernandino de Moraes nunca fez da religião sua profissão. Trabalhava para o sustento da família, e diversas vezes contribuiu financeiramente para manter os templos que o Caboclo das Sete Encruzilhadas fundou, além das pessoas que se hospedavam em sua casa para os tratamentos espirituais, a qual, segundo dizem, mais parecia um albergue. Nunca aceitou ajuda monetária de ninguém; era ordem do seu guia-chefe, embora tivesse recebido inúmeras ofertas.

Ministros, industriais e militares que recorriam ao poder mediúnico de Zélio para a cura de parentes enfermos, vendo-os recuperados, procuravam retribuir o benefício com presentes, ou preenchendo cheques vultosos. "Não os aceite. Devolva-os!", ordenava sempre o caboclo.

O termo "espírita" foi utilizado nas tendas recém-fundadas porque naquela época não se podia registrar o nome "Umbanda". Quanto aos nomes de santos, era uma maneira de estabelecer um ponto de referência para fiéis da religião católica que procuravam os préstimos da Umbanda.

O ritual estabelecido pelo Caboclo das Sete Encruzilhadas era bem simples: cânticos baixos e harmoniosos – sem utilizar atabaques e palmas –, vestimenta branca e proibição de sacrifícios de animais. Capacetes, espadas, cocares, vestimentas de cor, rendas e lamês não eram aceitos. As guias usadas eram apenas as determinadas pela entidade que se manifestava. Os banhos de ervas, os amacis, a concentração nos ambientes vibratórios da natureza e o ensinamento doutrinário com base no Evangelho constituíam os principais elementos de preparação do médium.

Os atabaques começaram a ser usados com o passar do tempo por algumas das casas fundadas pelo Caboclo das Sete Encruzilhadas, mas a Tenda Nossa Senhora da Piedade não os utiliza em seu ritual até os dias de hoje.

Após 55 anos de atividades à frente da Tenda Nossa Senhora da Piedade, Zélio entregou a direção dos trabalhos às suas filhas, Zélia e Zilméa, continuando a trabalhar com sua esposa, Isabel, médium que incorporava o Caboclo Roxo na Cabana de Pai Antônio, em

Boca do Mato, distrito de Cachoeiras de Macacu, no Rio de Janeiro, onde dedicou a maior parte das horas de seu dia ao atendimento de portadores de enfermidades psíquicas e a todos os que o procuravam.

Em 1971, a senhora Lilia Ribeiro, diretora da Tenda de Umbanda Luz, Esperança, Fraternidade (TULEF), gravou uma mensagem do Caboclo das Sete Encruzilhadas que espelha bem a humildade e o alto grau de evolução dessa entidade de luz: "A Umbanda tem progredido e vai progredir ainda mais. É preciso haver sinceridade, honestidade. Eu previno sempre aos companheiros de muitos anos: a vil moeda vai prejudicar a Umbanda; médiuns irão se vender e serão expulsos mais tarde, como Jesus expulsou os vendilhões do templo. O perigo do médium homem é a consulente mulher; do médium mulher, é o consulente homem. É preciso estar sempre de prevenção, porque os próprios obsessores que procuram atacar as nossas casas fazem com que toque alguma coisa no coração da mulher que fala ao pai de terreiro, como no coração do homem que fala à mãe de terreiro. É preciso haver muita moral para que a Umbanda progrida, seja forte e coesa. Umbanda é humildade, amor e caridade – essa é a nossa bandeira. Neste momento, meus irmãos, me rodeiam diversos espíritos que trabalham na Umbanda do Brasil: caboclos de Oxóssi, de Ogum, de Xangô. Eu, porém, sou da falange de Oxóssi, meu pai, e não vim por acaso, trouxe uma ordem, uma missão. Meus irmãos, sede humildes, tende amor no coração, amor de irmão para irmão, porque vossas mediunidades ficarão mais puras, servindo aos espíritos superiores que venham trabalhar entre vós. É preciso que os aparelhos estejam sempre limpos, os instrumentos afinados com as virtudes que Jesus pregou na Terra, para que tenhamos boas comunicações e proteção para aqueles que vêm em busca de socorro nas casas de Umbanda.

Meus irmãos, meu aparelho já está velho, com 80 anos a fazer, mas começou antes dos 18. Posso dizer que o ajudei a se casar, para que não estivesse a dar cabeçadas, para que fosse um médium aproveitável e que, pela sua mediunidade, eu pudesse implantar a nossa

Umbanda. A maior parte dos que trabalham na Umbanda, se não passaram por esta Tenda, passaram pelas que saíram desta casa.

Tenho uma coisa a vos pedir: se Jesus veio ao planeta Terra na humildade de uma manjedoura, não foi por acaso; assim o Pai determinou. Podia ter procurado a casa de um potentado da época, mas foi escolher naquela que poderia ser sua mãe um espírito excelso, amoroso e abnegado. Que o nascimento de Jesus e a humildade que Ele demonstrou na Terra sirvam de exemplo a todos, iluminando os vossos espíritos, extraindo a maldade dos pensamentos ou das práticas. Que Deus perdoe as maldades que possam ter sido pensadas, para que a paz reine em vossos corações e nos vossos lares. Fechai os olhos para a casa do vizinho; fechai a boca para não murmurar contra quem quer que seja; não julgueis para não serdes julgados; acreditai em Deus, e a paz entrará em vosso lar. É dos Evangelhos. Eu, meus irmãos, como o menor espírito que baixou à Terra, porém amigo de todos, numa comunhão perfeita com companheiros que me rodeiam neste momento, peço que eles observem a necessidade de cada um de vós e que, ao sairdes deste templo de caridade, encontreis os caminhos abertos, vossos enfermos curados e a saúde para sempre em vossa matéria. Com um voto de paz, saúde e felicidade, com humildade, amor e caridade, sou e sempre serei o humilde Caboclo das Sete Encruzilhadas".

Zélio Fernandino de Moraes dedicou 66 anos de sua vida à Umbanda, tendo retornado ao plano espiritual em 3 de outubro de 1975, com a certeza da missão cumprida. Seu trabalho e as diretrizes traçadas pelo Caboclo das Sete Encruzilhadas continuam em ação por intermédio de suas filhas, Zélia e Zilméa de Moraes, que têm em seus corações um grande amor pela Umbanda, árvore frondosa que está sempre a dar frutos a quem souber e merecer colhê-los.

Estrutura astral do movimento umbandista

Fala-se muito da Umbanda como sendo um "movimento de expressão por meio de diferentes rituais". Isso ocorre porque não existe uma codificação que a ampare, fazendo prevalecer um modelo doutrinário que promova a uniformidade entre os terreiros. Ao mesmo tempo em que a Umbanda permite que as lideranças espirituais criem ritos, conforme a orientação de seus guias e o compromisso cármico evolutivo mantido com eles, é alvo de constantes conflitos, em razão das divergências apresentadas entre a infinidade de terreiros existentes, quando se comparam esses fundamentos.

Sem dúvida nenhuma, o universo de terreiros é uma gigantesca "caixa de ressonância" que somente reflete os seres humanos que o forma. Mesmo ao escutarmos as orientações dos Guias Espirituais de um mesmo centro, falando com vários médiuns, não chegaremos a uma conclusão definitiva do que é a Umbanda e de como está estruturada no Plano Astral.

A Umbanda não terá uma codificação, pois é uma grande escola, em que seu regimento pedagógico deve ser elaborado pelos próprios alunos. Isso pode parecer uma desorganização aos olhos apressados dos aprendizes que aguardam o mestre para fazer a lição, não sabendo que a instrução é exatamente esta: aprender por si, a se tolerarem nos erros e se unirem nos acertos. Portanto, o movimento de Umbanda tende, naturalmente, com o tempo, a uma acomodação ritualística e, consequentemente, a uma salutar uniformização que a torna ética e caritativa.

Quando nos referimos a uma ética para a caridade, queremos dizer que, para fazer a caridade, não devemos achar que podemos fazer tudo, exigindo somente direitos e esquecendo-nos que temos sérios deveres. Obviamente que na espiritualidade a Umbanda tem um método de trabalho, nem sempre compreendido pela massa humana envolvida em aplicá-lo na Terra. Nem sempre a sintonia com os espíritos orientadores é límpida, e quando valorizamos mais o fenômeno em detrimento do conteúdo das comunicações, caímos na ilusão que encanta os olhos, mas não instrui.

Nesta era da mediunidade consciente, a Umbanda tem progredido e vai progredir ainda mais. Todavia, é preciso haver sinceridade e honestidade, como dizia o Caboclo das Sete Encruzilhadas nos idos de 1908. A fase da consciência mediúnica fortalece a missão educadora da Umbanda, contudo é preciso veracidade para assumirmos esse papel, de educadores de almas. Sendo um movimento direcionado do Astral para a Terra, é difícil concordar com modelos preestabelecidos que apresentam a Umbanda com um número fixo de linhas vibratórias por Orixás, impondo formas de apresentação das entidades que labutam na sua seara. Podemos afirmar que a Umbanda não é uma religião mediúnica engessada, estratificada, como se fosse um exército que só pode trabalhar com este ou aquele espírito, desde que se manifestem nas formas de caboclos, pretos velhos e crianças, quantificando-se o número de espíritos que a compõem por linha, legião, falange e subfalange.

É relevante observar que esses fundamentos exaltam a forma e minimizam a essência umbandística que a caracteriza como um movimento caritativo mediúnico de inclusão espiritual, e nunca de exclusão. A natureza cósmica não é rígida e imutável, e sim flexível e em constante transformação. Por exemplo: as formas de apresentação dos espíritos que se classificam como exus são as mais diversas possíveis, descartando-se a imposição de que somente caboclos, pretos velhos e crianças são "entidades de Umbanda", embora reconheçamos que são as principais, sem desmerecer nenhuma outra ou dar uma conotação de superioridade sobre as demais, pois sabemos que formam uma espécie de triângulo fluídico que sustenta o movimento do Astral para a Terra.

Na verdade, antes de ser anunciada para os habitantes da Terra pelo Caboclo das Sete Encruzilhadas, a Umbanda já existia no Espaço, congregando uma plêiade de espíritos comprometidos com a universalidade do amor pregado por Jesus que, nos seus primórdios, se apresentavam por intermédio da mediunidade basicamente como caboclos e pretos velhos, por se ligarem às raças excluídas do mediunismo pelo preconceito do movimento espírita da época. Essa situação demonstra um atavismo milenar dos espíritas que nada tem a ver com o espiritismo, doutrina libertadora por natureza.

Infelizmente, ainda hoje, entidades que se apresentam como negras e índias são proibidas de manifestarem suas culturas e suas peculiaridades em muitos centros espíritas, como se os espíritos fossem exatamente iguais, como robôs: todos de raça branca, médicos, advogados, filósofos judaico-cristãos e ex-sacerdotes católicos, de fala padronizada (uma vez que decoram as obras básicas), com jeito choroso de pregador evangélico e idêntica compreensão do Além-Túmulo. Seria um parâmetro artificial, porque logo constatamos, no decorrer do exercício da mediunidade, que a maioria dos espíritos não é "espírita", pois apresenta enorme diversidade de entendimento espiritual, no qual predominam diferentes filosofias e religiões que convergem em direção às verdades universais consagradas no espiritismo e existentes muito antes da recente codificação kardequiana, que formaram suas consciências desencarnadas ao longo da história planetária. Reflitamos: se os gomos de uma mesma laranja são diferentes, assim como os anjos e querubins o são, em relação uns aos outros e a Deus, o que esperar dos mentores e guias que "descem" à crosta para nos auxiliarem?

De acordo com a índole e as orientações dos nossos amigos espirituais, não vamos impor rituais ou fundamentos neste desinteressado livro, nem quais são as sete principais linhas vibratórias da Umbanda, se é que são sete, visto que elas variam de terreiro para terreiro e todos fazem a caridade. Sabemos que as falanges espirituais são agrupamentos de espíritos afins a determinados Orixás (não os incorporamos na Umbanda e trataremos desse tema em capítulo à parte), que possuem semelhante vibração e compromisso caritativo: pretos velhos, caboclos, exus, crianças, baianos, boiadeiros, marinheiros, ciganos, orientais das mais diversas etnias, entre outras formas e raças relacionadas à evolução humana no orbe.

É importante esclarecer, quanto à formação das falanges na Umbanda, que numa determinada falange pode haver centenas de espíritos atuando com o mesmo nome, aos quais denominamos de falangeiros dos Orixás. A falange de Cabocla Jurema, por exemplo, é constituída de milhares de espíritos que adotam esse nome, como se fossem procuradores diretos da vibração do Orixá Oxóssi. Então, sob o comando de um espírito, existe uma quantidade enorme de outros espíritos que se utilizam dessa mesma "chancela" ou "insígnia" – uma espécie de autorização dos Maiorais que regem o movimento umbandista e que identificam os que adquiriram o direito de trabalho nas suas frentes de caridade no orbe. Na verdade, quando um médium incorpora uma Cabocla Jurema, ele se enfeixa na falange que tem uma vibração peculiar. Por isso, pode ocorrer a manifestação de centenas de caboclas juremas ao mesmo tempo, pelo Brasil afora, inclusive dentro de um mesmo terreiro.

Quantas vezes ocorrem sérios conflitos em um terreiro porque certo médium começa a manifestar uma entidade com o mesmo nome do guia do dirigente. Aí começam os ciúmes, as vaidades feridas, e gradativamente o médium "abusado" começa a ser desacreditado em sua mediunidade, como se uma determinada entidade fosse propriedade de alguém na Terra. Devemos estudar mais, observar melhor o plano astral e o que os espíritos do "lado de lá" têm para nos ensinar. Vemos muitos "sacerdotes" despreparados, fazendo coisas porque sempre foram feitas de determinada maneira, ou mesmo proibindo os trabalhadores da corrente de se instruírem por meio da leitura, o que é algo semelhante à "caça às bruxas" do tempo da Inquisição, que retorna atavicamente em algumas personalidades detentoras de poder religioso.

Considerando que é possível um mesmo espírito atuar em diversas falanges com mais de um nome, de acordo com sua missão e evolução espiritual, percebemos o quanto é grande nosso apego às entidades que nos assistem quando ouvimos, corriqueiramente, a seguinte afirmação de muitos médiuns: "meu guia", "meu caboclo", "meu exu". Na realidade, eles é quem nos escolhem do "lado de lá". A opção sempre parte do mundo espiritual. Quantas vezes nos achamos privilegiados por ter como guia o caboclo mais forte, quando ele está se manifestando bem ao nosso lado, no médium mais simples e prestativo do terreiro, como um humilde pai velho, por não encontrar mais no seu antigo aparelho o campo psíquico livre da erva daninha que é a sorrateira vaidade.

Da mesma forma, um espírito pode estar atuando manifestado mediunicamente em vários aparelhos ao mesmo tempo, numa diversidade de terreiros. É possível a certas entidades vibrarem numa espécie de multiplicidade vibratória (ubiquidade), pois as distâncias e o tempo do "lado de lá" diferem em muito do plano físico. Imaginemos uma mesma fonte geradora de eletricidade que alimenta muitos fios que levam a energia para vários bairros. A mesma força que entra na mansão de João também entra no casebre de José, na choupana de Maria, na casa do feirante, no apartamento do médico, sendo a origem fornecedora a mesma, ainda que mude a luminosidade e a cor aos nossos limitados olhos.

Quanto à estrutura astral do movimento umbandista, esclarecemos a quem acusa a Umbanda de personalista que raramente uma entidade atuante em nossos terreiros se prende a uma encarnação específica e a revela aos filhos da Terra, pois entende que esses detalhes são de pouca importância diante da gigantesca caridade que tem de prestar. A humildade, como bem recomenda a espiritualidade de Umbanda, dispensa histórias romanescas de personalidades distintas do passado, a exemplo de ilustres tribunas, sacerdotes, centuriões e senhores da lei. Nossos guias bem sabem que os conhecimentos desses feitos servem apenas para exaltar um médium diante de uma comunidade.

É surpreendente o fato de personagens famosos de outrora estarem humildemente por trás de uma aparência de caboclo, como acontece com o doutor Bezerra de Menezes e inúmeros outros espíritos, ou se apresentarem com a vestimenta de uma vovó mandingueira do Congo velho africano, como Joanna de Ângelis.

Com esses belos exemplos, apelamos aos companheiros de todas as frentes mediúnicas que deixemos os sectarismos de lado e permaneçamos distantes de nossas atitudes orgulhosas e superiores perante os irmãos que optam por doutrinas diferentes das que abraçamos. Vamos nos respeitar fraternalmente.

Concluindo este tópico, aproveitamos para orientar a todos os iniciantes que almejam fazer parte de uma corrente umbandista que esta é uma decisão muito séria e exige convicção e certeza. Isso não deve ser feito com pressa e sob pressão. Se você tem dúvida, por menor que seja, não entre. Não se deixe iludir por expressões do tipo "se não entrar, você morre", "sua vida não vai melhorar", "o santo está pedindo sua cabeça", "o Guia está te castigando para você assumir a mediunidade", dentre tantos outros argumentos intimidativos e falsos. Tudo isso é mentira.

Lembrem-se que os Guias de Umbanda são muito sublimes e amorosos para castigar ou maltratar um filho por causa de iniciação! Então ouça um bom conselho, seja consulente na assistência pelo maior tempo possível, avalie a casa, o zelador e sua possível corrente até concluir que chegou sua hora e que ali é realmente seu lugar. Não se afobe, pois muitas das pessoas que saem de suas casas originais ou da religião é porque mergulharam de cabeça antes do tempo e se decepcionaram, não com a Umbanda, que é maravilhosa, mas, sim, com as pessoas.

Aliás, muitos desses indivíduos que lhe apressam, infelizmente parece que a maioria atualmente, lhe veem como uma fonte de renda, e não como um irmão de fé, um filho de verdade. Eles querem lhe apressar para pegarem seu dinheiro o mais rápido possível e transformar você numa fonte vitalícia de receita. É triste, mas é esta a realidade. No mínimo querem sua contribuição mensal para aumentar a arrecadação do templo religioso.

Os chefes de terreiros sérios não se utilizam desses argumentos, eles são conscientes com o Sagrado que representam, sabem e acreditam que tudo tem sua hora e, mais do que ninguém, respeitam a decisão de cada um, o momento sublime de escolha para entrar para a corrente mediúnica.

Orixás, guias e falangeiros

A palavra "Orixá", em seus aspectos básicos de interpretação, significa: "luz do senhor", "mensageiro", "força da cabeça". "Ori" significa "cabeça", elemento fundamental para o pensamento contínuo dos seres encarnados, como se fosse uma caixa de ressonância da mente extracorpórea. O discernimento e o poder criativo da mente ressoam na caixa craniana que abriga o cérebro, mas sua fonte geradora está, verdadeiramente, num duplo em outra dimensão vibratória, que é uma força característica de cada espírito individualizado, sua essência divina particularizada e diferenciada do Criador, o senhor da força sutil, regente de toda a natureza criada, manifestação diferenciada das qualidades e dos fatores de Deus.

O Orixá de cada individualidade não tem a ver com uma entidade extracorpórea, e sim, originalmente, com uma essência cósmica primordial e interna que a acompanha, energética e vibratoriamente, e que influencia o modo de ser e o destino de cada consciência – Ori –, seja encarnada ou desencarnada.

As histórias de heróis humanos mantidas pela oralidade, de geração a geração, preservaram os conhecimentos das essências, ou dos fatores divinos, da cosmogonia religiosa dos Orixás. Com as lendas e o antropomorfismo de cada um dos Orixás (fator divino), eles são interpretados como humanos com poderes sobrenaturais para exercerem o domínio sobre um reino da natureza. Pela representação simbólica de seus aspectos comportamentais, com atributos de divindade materializados numa personalidade, aproxima-se o intangível sacralizado do tangível profano. O sagrado passou a fazer parte da manifestação das almas encarnadas, e o próprio corpo, o receptáculo, por intermédio do transe ritualístico, momento em que se une num mesmo espaço o passado e o presente, o espiritual e o físico, resgatando do inconsciente para o consciente o aprendizado milenar do espírito arquivado em seu inconsciente profundo.

Em sua essência primordial, são altas irradiações cósmicas indiferenciadas, antes do rebaixamento vibratório até o plano em que vive a humanidade, propiciando a expressão da vida em todo o planeta. Assim como é em cima, assim é embaixo. O ser humano é um microcosmo reflexo do macrocosmo. Não por acaso, o organismo físico em funcionamento contém todos os elementos planetários: ar, terra, fogo e água.

Todos nós recebemos, em cada encarnação, a influência mais intensa de um determinado Orixá, que podemos chamar de "Pai de Cabeça". Essa força cósmica, que é regente de frente, é conhecida como Eledá, que é a responsável por nossas características físicas e psicológicas, de modo que reflitamos os arquétipos ou as características comportamentais peculiares ao Orixá que nos rege. Os demais Orixás que nos influenciam são conhecidos como Adjuntós ou Juntós e têm especificidades conforme a ordem de influência, da maior para a menor, em segunda, terceira, quarta e quinta estâncias, ou atrás e na lateral esquerda e direita da cabeça, compondo o que denominamos na Umbanda de coroa mediúnica do médium. Atuam ainda na coroa do médium de Umbanda os espíritos guias e as entidades que têm compromisso com a tarefa mediúnica abraçada juntamente no Plano Astral antes da reencarnação do médium. Os espíritos na Umbanda trabalham enfeixados por linhas vibratórias, que, por sua vez, se organizam por Orixá, tema que aprofundaremos num próximo capítulo.

Na Umbanda, de uma maneira geral, não consideramos os Orixás espíritos individualizados em evolução, embora nossas irmãs das religiões afro-brasileiras entendam, majoritariamente, os Orixás como ancestrais divinizados, ou seja, espíritos que encarnaram no passado e foram heróis em suas comunidades e nações, os incorporando numa linha de ancestralidade remota. Segundo a concepção teológica rito-litúrgico que predomina na Umbanda, os Orixás são energias criativas divinas de alta voltagem sideral, impossíveis de serem expressas e incorporadas pelo mediunismo de terreiro. Quem se manifesta pela mecânica de incorporação são os espíritos falangeiros dos Orixás, que trabalham agrupados por linhas, que, por sua vez, estão agrupadas pela irradiação de cada Orixá.

Por outro lado, é possível o transe ritual, anímico, que caracteriza os estados alterados e superiores de consciência, em que se manifestam os Orixás, o que é um processo diferente da mecânica tradicional de incorporação. Ocorre que, de regra, o transe na Umbanda é mediúnico e acontece para que haja a comunicação oral dos espíritos manifestantes com os consulentes. É a tradicional incorporação, em que o corpo astral da entidade comunicante interpenetra o corpo astral do médium. Obviamente, a intensidade desse mecanismo varia de médium para médium, em conformidade com sua sensibilidade, indo da irradiação intuitiva à semiconsciência, situação em que o medianeiro se lembra vagamente do que falou nas consultas.

Os cultos ritualísticos em que se manifestam os Orixás se dão, preponderantemente, por um processo arquetípico anímico de transe, que flui do inconsciente do sensitivo, sem incorporação por uma entidade externa (acontece de dentro para fora). Os Orixás, de regra, não falam e se manifestam nas danças coreográficas que reconstroem suas origens mitológicas, assim, a partir do transe ritualístico, se "humanizam", expressando-se no corpo de quem os "recebe". O gestual simbólico que realizam revive o mito antigo e harmoniza o ambiente e o inconsciente coletivo dos circunstantes, que se ligam reciprocamente por laços de afinidade espiritual, no mais das vezes fruto de encarnações passadas em clãs religiosos africanos, e aí rememoram a mitologia ancestral pelos movimentos, pelas vestes, pelos sons, pelas cores e pelos gestos das manifestações – estados alterados e superiores de consciência.

Os centros umbandistas ligados a uma ancestralidade africana mais acentuada podem, concomitantemente com os espíritos falangeiros, praticarem em seus ritos internos os toques, cantos e as louvações litúrgicas para os Orixás, acomodando-se pacificamente o transe anímico ao mediúnico. Os mentores da Umbanda convivem de forma harmoniosa com a diversidade. Os transes rituais induzidos na Umbanda, portanto, resgatam os arquétipos dos Orixás e funcionam como potentes catalizadores para a manutenção da saúde, cura e autocura umbandistas.

Na verdade, são "infinitas" as possibilidades de interpolações rituais, dada a liberdade que o sacerdote umbandista, juntamente com seus Guias Astrais, têm de elaboração litúrgica. Essa "elasticidade" de opções fortalece a Umbanda sem descaracterizar seu corpo normativo central, ditado pelo Caboclo das Sete Encruzilhadas, permitindo que cada terreiro tenha uma "identidade" própria sem deixar de ser Umbanda. Esta última afirmação vai de encontro ao que preconizam muitos cidadãos afeitos às purezas doutrinárias e cartilhas prontas, ainda temerosos do desconhecido e de "novidades", acomodados que estão no tédio do já sabido.

No dia a dia dos terreiros, não é incomum nos referirmos aos enviados dos Orixás como sendo o próprio Orixá, por isso um Caboclo de Ogum, Oxóssi ou Xangô, por exemplo, é chamado, respectivamente, de Ogum, Oxóssi ou Xangô.

Como dito anteriormente, existem os Orixás individuais de cada médium, que compõem a coroa mediúnica pessoal, isto é, o Eledá e os Adjuntós. Assim, podemos dizer que, associados ao Ori – cabeça – de cada medianeiro, se aglutinam os Guias e Guardiões espirituais, ou seja, espíritos que são consciências, têm inteligência e compromisso de trabalho com o médium, que se farão manifestar por meio da mecânica de incorporação, irradiação intuitiva, inspiração, vidência, audiência e demais "dons" mediúnicos, nas tarefas caritativas que foram previamente combinadas no Plano Astral antes do reencarne do médium.

Formas de apresentação dos espíritos

A Umbanda tem como característica marcante a forma de apresentação dos espíritos, no entanto é importante compreendermos que nem todo caboclo necessariamente foi índio, assim como nem todo preto velho foi escravo. A forma é uma mera aproximação em conformidade com a simpatia e índole psicológica dos que buscam os terreiros umbandistas. É a essência dos espíritos trabalhadores que importa, pois são enviados dos Orixás em ação divina. Em última instância, a Umbanda é uma manifestação de Deus, que redistribui seus poderes de realização na "forma" dos Orixás e destes para seus falangeiros, os guias da Umbanda. Sendo assim, não é incomum o caboclo apresentar-se como médico, bem como uma preta velha como uma freira nas mesas espíritas. A cada um, a água que sacia a sede do espírito é acomodada em uma forma que não agrida as preferências e simpatias dos envolvidos na ação divina.

Na sequência, vamos abordar um pouco sobre a forma como esses espíritos amigos se apresentam nas giras de Umbanda e suas características.

• **Os caboclos** são espíritos de índios brasileiros, sul ou norte-americanos, que dispõem de conhecimento milenar xamânico do uso de ervas para banhos de limpeza e chás para auxílio à cura das doenças. São entidades simples, diretas, por vezes altivas, como velhos índios guerreiros. Com sua simplicidade, conquistam os corações humanos e passam confiança e credibilidade aos que procuram amparo. São exímios nas limpezas das carregadas auras humanas, experientes nas desobsessões e embates com o Astral inferior. Na magia que praticam, usam pembas para riscar seus pontos, fogo, essências cheirosas, flores, ervas, frutas, charutos e incensos.

• **Os pretos velhos** – que podem ser tanto espíritos de idosos africanos escravizados e trazidos para o Brasil como de negros que nasceram neste solo – são símbolos de sabedoria e humildade, verdadeiros psicólogos do profundo conhecimento dos sofrimentos e das aflições humanas. Joanna de Ângelis, a venerável irmã conhecida da lide espírita, conhecedora da alma e dos sofrimentos dos encarnados, arguta observadora do psiquismo, atua como mais uma singela e anônima vovó preta nas frentes umbandísticas, assumindo um nome simbólico, como tantos outros espíritos luminares, retomando a forma de uma antiga encarnação em solo africano. A todos, esses espíritos missionários consolam amorosamente, como faziam antigamente, inclusive nas senzalas após longo dia de incansável trabalho físico.

A infinita paciência em ouvir as mazelas e choramingas dos consulentes fazem dos pretos velhos as entidades mais procuradas nos terreiros. Assim como os caboclos, usam ervas em suas mandingas e mirongas. Suas rezas e invocações são poderosas. Com suas cachimbadas e fala matreira, espargem fumaça sobre a pessoa que está recebendo o passe e higienizam as auras de larvas astrais e energias negativas.

Com seus rosários e grande amor, são notáveis evangelizadores do Cristo, tendo "facilidade" em doutrinar os obsessores que acompanham os consulentes. Demonstram que não é o conhecimento intelectual ou a forma racial que vale no atendimento caridoso, e sim a manifestação amorosa e sábia, de acordo com a capacidade de entendimento de cada filho de fé que os procuram.

• **As crianças** nos trazem a alegria e o poder da honestidade, da pureza infantil. Aparentemente frágeis, têm muita força na magia e atuam em qualquer tipo de trabalho. Essa vibratória serve também para elevar a autoestima do corpo mediúnico, após atendimentos em que foram transmutados muita tristeza, mágoa e sofrimento. É muito bom ir para casa depois de uma sessão "puxada" no terreiro, impregnados da alegria inocente das crianças.

• **Os orientais** apresentam-se como hindus, árabes, marroquinos, persas, etíopes, chineses, egípcios, tibetanos, trazendo-nos conhecimentos milenares. São espíritos que encarnaram entre esses povos e que ensinam ciências "ocultas", cirurgias astrais, projeções da consciência, cromoterapia, magnetismo, entre outras práticas para a caridade que não conseguimos ainda transmitir em palavras. Por sua alta frequência vibratória, criam poderosos campos de forças para a destruição de templos de feitiçaria e de magias negativas do passado, libertando espíritos encarnados e desencarnados. Incentivam-nos no caminho da evolução espiritual, por meio do estudo e da meditação; conduzem-nos a encontrar o Cristo interno, por meio do conhecimento das leis divinas aplicadas em nossas atitudes e ações; atuam com intensidade no mental de cada criatura, fortalecendo o discernimento e a consciência crística.

• **Os ciganos** são espíritos ricos em histórias e lendas. Foram nômades em séculos passados, pertencentes a várias etnias. Em grande parte, são do antigo Oriente. Erroneamente são confundidos com cartomantes ociosas de praças públicas que, por qualquer vintém, leem as vidas passadas. São entidades festeiras, amantes da liberdade de expressão. Destacam-se como excelentes curadores, trabalham com fogo e minerais, cultuam a natureza e apresentam completo desapego às coisas materiais. São alegres, fiéis e ótimos orientadores nas questões afetivas e dos relacionamentos humanos. Utilizam comumente nas suas magias moedas, fitas e pedras, perfumes e outros elementos para a caridade, de acordo com certas datas e dias especiais sob a regência das fases da lua.

• Em relação às formas de apresentação de nossos dedicados e legítimos guardiões, **exus** e **bombonjira**, decididamente não são seres deformados, com pés de bode, olhos esfogueados, esqueléticos. Ao contrário, são entidades belas com grande experiência na vida humana, espíritos amadurecidos entre tantas reencarnações que não mais se deixam enganar pelas artimanhas do egoísmo e da vaidade dos Homens. Claro está que, se necessário o for, quando em ação nas baixas zonas do umbral, esses espíritos luminares adaptam seus corpos astrais, por vezes se impondo intenso e doloroso rebaixamento vibratório, para se fazerem ver e sentir nessas esferas de sofrimento. Assim, suas aparências não são das mais belas, pois nesses antros de dor não existe qualquer tipo de beleza. Tal qual um lobo feroz não respeita um gatinho, certas mentes afastadas da luz só se curvam pelo temor e muito pouco pelo amor. Para socorrer esses espíritos, nossos guardiões agem com austeridade, quando necessário, nos diversos subplanos do Astral inferior.

Quantos às demais formas de apresentação das entidades na Umbanda, entendemos que fazem parte da diversidade regional deste enorme país, estando de acordo com os agrupamentos terrenos. Por exemplo: os **boiadeiros** pertencem a uma falange de espíritos que estão ligados às regiões Nordeste, Sudeste e Centro-Oeste, de economia fortemente baseada na agropecuária; os **marinheiros** manifestam-se mais intensamente nas regiões litorâneas que dispõem de portos, como o Rio de Janeiro, por exemplo; os baianos, no Sudeste, com ênfase para o estado de São Paulo, onde sempre foi intensa a migração de nordestinos. Isso ocorre porque a Umbanda é um movimento religioso mediúnico de inclusão, e, como tal, propicia a manifestação de todas as formas e raças espirituais, segundo o compromisso cármico assumido entre encarnados e desencarnados.

É importante alertarmos que, independentemente da forma de apresentação, seja de espíritos, deidades, divindades ou santos, o valor de uma manifestação espiritual é a mensagem que ela deixa aos indivíduos. O fato de ser caboclo, preto velho, Orixá, oriental, cigano, boiadeiro, baiano e guardiões (exus) por si não apresenta muito significado. O caráter do médium e do sacerdote definirá, pela Lei de Afinidade e Ressonância, o caráter daqueles que se servem de sua mediunidade, e este, por ser o líder, obviamente refletirá em toda a corrente. Prestemos mais atenção aos conteúdos das comunicações e não nos iludamos quanto às formas externas, por vezes meras espumas para disfarçar um santo bonito por fora e oco por dentro.

As linhas de trabalho

Não devemos confundir as linhas de trabalho com os Orixás. Um mesmo Orixá pode ter sob sua irradiação mais de uma linha vibratória de trabalho. Até hoje, desde o surgimento da Umbanda, em 1908, não se chegou a um consenso de quais sejam as linhas. Muito se fala em sete linhas de Umbanda, mas somos da opinião que é mais do que esse número. Observemos que, ao longo do tempo, não somente a compreensão do que sejam as linhas como também o número delas foi se alterando, pelo fato de a Umbanda ser uma religião de inclusão. Nada é rígido no Cosmo e, obviamente, não o é na espiritualidade maior. Não podemos conceber o movimento astral de Umbanda, altamente dinâmico, como algo engessado símile a um quartel com organograma fixo.

O exemplo clássico disso são as **Linha dos Baianos e dos Malandros**, que foram introduzidas *pari passu* com o crescimento da Umbanda no meio urbano das grandes cidades do centro do país, como São Paulo e Rio de Janeiro. É uma característica regional que ganhou espaço no imaginário umbandista e, consequentemente, na sua contraparte espiritual, abrigando muitas entidades afins. Assim surgiram os **boiadeiros** nas regiões Centro-Oeste e Norte, **os cangaceiros** na região Nordeste e a Linha dos Marinheiros nas grandes cidades litorâneas – nada mais natural pelo tamanho da costa marítima que temos e da importância que os portos e o comércio aduaneiro tiveram na história recente do crescimento econômico brasileiro.

A Umbanda, por ser uma religião de inclusão, adapta-se às diversas regiões geográficas do país, aproximando-se melhor das consciências que moram nesses locais com o intuito de, pela sintonia, fazer a caridade, numa linguagem adaptada à compreensão do senso comum vigente.

Após essas conceituações, vamos elencar a seguir as principais linhas de trabalho da Umbanda.

• Linha de Oxalá

Talvez seja a linha de vibração mais sutil e que se condensa em todas as demais. Em nossa opinião, as entidades do Oriente fazem parte dela, que também pode ser considerada como uma linha de trabalho independente, que abriga as entidades ancestrais de antigas tradições curadoras, inclusive pajés indígenas e babalaôs africanos. São exímios na área de saúde e esclarecimento de pontos de doutrina.

• Linha das águas ou Povo d'água

Essa linha atua, principalmente, na irradiação de Iemanjá e Oxum, representando o poder feminino da gestação e maternidade. Está ligada aos pontos de forças da natureza das águas doces e salgadas, e suas manifestações são suaves, representadas pelas caboclas. Tem influência sobre o emocional, apaziguando os ânimos, levando as tristezas, reequilibrando os chacras, trazendo calma e tranquilidade.

• Linha de Xangô

Os caboclos que atuam com as forças energéticas das pedreiras, montanhas e cachoeiras apresentam-se nessa linha. São os senhores da lei, da justiça, guardiões do carma (Lei de Ação e Reação), procuradores dos tribunais divinos.

• Linha de Ogum

O Orixá Ogum rege os caboclos que atuam na sua vibratória. Aqui cabe relembrar que a forma de apresentação espiritual de caboclo prepondera, mas não é a única. Muitas entidades apresentam-se enfeixadas na irradiação de Ogum como africanas, indo-chinesas e até antigos samurais. São os vencedores que combatem as demandas, os guerreiros místicos, os mediadores das lutas nos choques cármicos, enérgicos, ativos, vibrantes e decididos.

• Linha de Oxóssi

Essa vibratória significa ação envolvente, e nela Jesus pregava usando a oralidade. São os grandes comunicadores da Umbanda, ou seja, os pescadores de almas, caçadores que acertam na doutrina, esclarecendo as consciências como flechas certeiras. São exímios aconselhadores, invocando as forças da espiritualidade e da natureza, principalmente as das matas. Essa linha é famosa por ser a linha da grande maioria dos caboclos. As matas, especialmente, têm a ação de Oxóssi, que no processo de "umbandização" dos Orixás absorveu os atributos de Ossain, originalmente o Orixá das folhas, regente da seiva vegetal ou axé verde. Assim, na Umbanda, Oxóssi é o conhecedor das ervas e o grande curador.

• Linha das Crianças ou Ibejis – Erês

Cremos que essa é a linha vibratória mais sutil da Umbanda. Espíritos que se apresentam como crianças chamam-nos a atenção quanto à pureza da alma, necessária para a libertação desse ciclo de reencarnações sucessivas. Não por acaso, Jesus dizia: "vinde a mim as criancinhas". Ou seja, o estado de consciência crística é semelhante à "pureza" e inocência dos pequeninos. As crianças da Umbanda "quebram" a nossa rigidez, fazem cair nossas máscaras e couraças do ego que disfarçam realmente quem nós somos. Ensinam-nos a sermos menos sisudos e a importância da alegria, do lúdico e da leveza na existência humana, indispensáveis para que não deixemos morrer nossa criança interna.

Certa vez, disse-nos um preto-velho que onde uma criança pisa não tem feitiço que resista e obsessor que não se amanse. É a mais pura verdade, pois é exatamente isso que ocorre quando as crianças "descem" em seus médiuns. Essas entidades utilizam-se muito pouco de elementos materiais e, por vezes, de doces e guaranás, que são imantados com suas vibrações e servem como catalisadores das energias curativas – e cada um recebe proporcionalmente à sua necessidade individual.

• Linha das Santas Almas do Cruzeiro Divino

Essa é uma linha cultuada em alguns terreiros, não todos. São os nossos amados pretos velhos, bentos e bentas, que vêm por meio de suas mandingas e mirongas nos trazerem conforto, consolo e orientação. Com suas atitudes humildes, incentivam-nos a perdoar e a sermos mais perseverantes e menos sentenciosos perante a vida. São exímios benzedores, curando os mais diversos tipos de enfermidades. Com suas rezas, poderosas imprecações magísticas, movimentam os fluídos mórbidos que são desintegrados pela força de "encantamento" de suas palavras.

• Linha dos Ciganos

Os ciganos na Umbanda trabalham, principalmente, nossa liberdade, fazendo-nos conectar com a fonte cósmica de abundância universal. Temos muita dificuldade, pelas doutrinas castradoras que confundem pobreza de espírito com miséria material, de exercitarmos e nos concedermos o direito de auferirmos prosperidade em nossas vidas. Há que se esclarecer que a "Magia do Povo Cigano", ou "Magia Cigana", popularmente conhecida quase nada tem a ver com as Entidades de Umbanda que se manifestam nessa linha de trabalho. Os espíritos atuantes na religião nessa linha trabalham sob o domínio da Lei Divina e dos Orixás, conhecem magia como ninguém, mas não vendem soluções mágicas ou adivinhações. São exímios curadores, trabalham com a energia dos cristais e a cromoterapia. A linha dos Ciganos nos traz um axé – força – para abundância, fartura espiritual e prosperidade em nossas vidas.

É preciso abordar aqui um pouco da origem dos ciganos, para que possamos entender seu trabalho e por que ele é realizado na

Umbanda. Primeiramente, temos de desmistificar a imagem do andarilho cigano, malandro, ladrão, sequestrador de criancinhas, falastrão, desonesto. Isso foi fruto do preconceito diante dessa etnia livre e alegre, principalmente pelo fato de a crença deles não ser católica, religião dominante, confundida com os Estados monárquicos por muito tempo. Os ciganos chegaram ao Brasil oficialmente a partir de 1574. Existiam disposições régias proibindo-os de entrarem em Portugal. Em 15 de julho de 1686, Dom Pedro II, rei de Portugal, em conluio com o clero sacerdotal da Igreja, determinou que os ciganos de Castela fossem exterminados e que seus filhos e netos (ciganos portugueses) tivessem domicílio certo ou fossem enviados para o Brasil, mais especificamente para o Maranhão. Dom João V (1689-1750), rei de Portugal, decretou a expulsão das mulheres ciganas para as terras do pau-brasil. Por anos a fio, promulgaram-se dezenas de leis, decretos, alvarás, exilando os ciganos para os estados de Maranhão, Recife, Bahia e Rio de Janeiro, onde se encontravam os núcleos populacionais mais importantes da colônia portuguesa. Esse mesmo rei, Dom João V, proibiu os ciganos de falar o romani, uma de suas línguas.

Afirma-se que as mais importantes contribuições dos ciganos para o progresso e a prosperidade de nosso país foram negligenciadas até hoje pelos historiadores e livros escolares. Eles foram coparticipantes da integração e da expansão territorial brasileira. Ouso afirmar que, se não fossem os ciganos, as comunidades de antigamente, pequenos centros habitacionais, vilarejos, teriam progredido muito mais lentamente. Os portugueses e africanos que vieram para cá não eram nômades. Os lusitanos procuravam fixar-se em terras além--mar, e os africanos fixavam-se a estes últimos como escravos.

De Norte a Sul, de Leste a Oeste, em todos os lugares, lá estavam os ciganos, livres, viajando em suas carroças, negociando animais, arreios, consertando engenhos, alambiques, soldando tachos, levando notícias, medicamentos, emplastros e também dançando, festejando e participando de atividades circenses. Alegres, prudentes, místicos, magos e excelentes negociantes, quando chegavam aos vilarejos conservadores, era comum senhoras se benzerem com os rosários em mãos, esconderem as crianças nos armários, pois chegavam os ciganos com suas crenças pagãs.

Assim como os espíritos de negros e índios foram abrigados na Umbanda por falta de espaço para suas manifestações nas lides espíritas, todas as raças encontraram no mediunismo umbandista liberdade de expressão. Os fatores mais importantes que permanecem em um povo, desde a mais remota antiguidade, são de consistência espiritual, com manifestação nos sentimentos e no modo de ser mais íntimo, oriundos de comportamentos típicos, frutos da memória coletiva, ou seja, de uma herança ancestral.

• Linha dos Marinheiros

A linha dos marinheiros está ligada ao mar e às descargas energéticas. A descarga de um terreiro deve ser feita sempre ao final dos trabalhos caritativos. No caso específico do Grupo de Umbanda Triângulo da Fraternidade, não temos aconselhamentos públicos com essa vibratória. Os marinheiros, adestrados psicólogos, conhecem profundamente a hipocrisia humana. Espíritos calejados que viajaram e conheceram muitos países ao redor do mundo, são ecléticos e versáteis, nos ensinando a ter mais "jogo de cintura". Simbolicamente, educam-nos a ficar em pé mesmo com o sacolejo do navio, lembrando-nos que filho de fé balança, mas não cai.

São exímios destruidores de feitiços, cortam ou anulam todo "embaraço" que possa estar dentro de um templo, ou próximo aos seus médiuns trabalhadores. Infelizmente, muitos interpretam mal essa linha. Ou o que é pior, são mistificados por espíritos beberrões que comparecem nos trabalhos para se embriagarem, sorvendo os eflúvios etílicos de seus médiuns. Muitas casas deixam correr livres as bebidas alcoólicas, o que não tem nenhuma ligação com a genuína Umbanda, uma vez que o beber mediunizado é um fato gerado pela incúria de dirigentes e médiuns despreparados.

O espírito chefe da falange dos marinheiros que atua em nossa egrégora foi um marujo português que veio para o Brasil no início da colonização, disse chamar-se Zé Luzeiro. Sua tarefa era guiar as embarcações que chegavam à Baía de Guanabara, com mantimentos de Portugal até a costa, de forma segura. Por vezes, isso se dava à noite, e pela iminência de tempestade, entrava com seu pequeno barco e um candeeiro de óleo de baleia içado na proa (daí ser conhecido como Zé Luzeiro). Disse-nos que, assim como guiava as embarcações até um local seguro e evitava que elas encalhassem, nos ajudaria a conduzir as almas perdidas na crosta para o porto seguro do mundo espiritual.

Zé Luzeiro coordena a falange de marinheiros para fortalecer as descargas energéticas que ocorrem ao final de cada sessão, auxiliando a condução, para o mundo dos espíritos, de irmãos sofredores desencarnados que estavam "grudados" nos consulentes. Não podendo ficar na contrapartida astral do terreiro em atendimento, são conduzidos pelos marinheiros para outro local vibratório mais indicado para eles, no plano espiritual. Para finalizar estas breves elucidações sobre a linha dos marinheiros, seguem as palavras de Zé Luzeiro: "Dia chegará em que teremos memória integral e, sem o esquecimento transitório que nos faz suportar o retorno de nossos atos passados, conseguiremos mais saldo positivo que negativo na balança existencial. Hoje sou só Zé Luzeiro, um marinheiro ao dispor dos Orixás, a mando de nossa Mãe Iemanjá. Amanhã só quem sabe é Olorum. O certo é que continuarei sendo um espírito entre idas e vindas do meu barquinho nas marolas do mar revolto da vida imortal, numa onda brava encarnado, noutra mais calma desencarnado".

• Linha dos Boiadeiros
Os boiadeiros são entidades que trabalham de forma muito parecida com os caboclos Capangueiros de Jurema, são aguerridos, valentes, representam a natureza desbravadora, romântica, simples e persistente do homem do sertão, o "caboclo sertanejo". São

os vaqueiros, boiadeiros, laçadores, peões e tocadores de viola. O mestiço brasileiro, filho de branco com índio, índio com negro etc. Por outro lado, também são "semelhantes" aos pretos velhos, pois representam a humildade, a força de vontade, a liberdade e a determinação que existe no homem do campo e sua necessidade de conviver com a natureza e os animais, sempre de maneira simples, mas com muita força e fé.

Podem ser regidos tanto por Oxóssi quanto por Iansã, pois têm muita autoridade de conduzir os espíritos sofredores – seus laços de laçar são campos de força de retenção no astral – da mesma forma que conduziam as boiadas no campo quando encarnados.

• Linha dos Malandros

A Umbanda, sendo uma religião de inclusão, dá abertura a todos para fazer a caridade. Os espíritos da Linha dos Malandros são oriundos dos grandes centros urbanos, notadamente o Rio de Janeiro. São cordiais, alegres, foram músicos, compositores, poetas, escritores, boêmios, dançam gingado quando incorporam e se apresentam usando chapéus ao estilo Panamá, e sua tradicional vestimenta é calça branca, sapato branco (ou branco e vermelho), terno branco, gravata vermelha e bengala. Ensinam-nos, principalmente, a ter flexibilidade na solução de problemas ou situações difíceis para "driblar" os desafios da vida nas metrópoles.

Assim é o malandro, simples, amigo, leal, camarada e verdadeiro. Nunca se deixam enganar e desmascaram sem cerimônia a hipocrisia e a mentira. Apesar da figura folclórica do malandro urbano, de jogador e preguiçoso, são espíritos trabalhadores, benfeitores e detestam que façam mal ou enganem as pessoas. Demonstram grande capacidade espiritual para desamarrar feitiços e desmanchar trabalhos feitos, tendo habilidades e conhecimentos suficientes para desembaraçar conflitos interpessoais no campo dos relacionamentos afetivos, notadamente quando as vítimas foram "magiadas".

• Linha dos Baianos

De modo geral, os baianos na Umbanda são espíritos alegres e um tanto irreverentes. Possuem grande capacidade de ouvir e aconselhar, conversam com calma e nunca se apressam, falam baixo e mansamente, são fraternais e passam segurança aos consulentes. São os Espíritos responsáveis pela "esperteza" do Homem em sua jornada terrena, uma vez que vieram para a cidade grande e venceram todas as vicissitudes, muitas vezes trabalhando arduamente como braço operoso na construção civil.

No desenvolvimento de suas giras, em terreiros que fazem sessões públicas com essa linha, os baianos deixam como mensagem principal o ensino para saber lidar com as adversidades do dia a dia, enfatizando a alegria, a flexibilidade e a brincadeira sadia. Dessa forma, descomprimem o psiquismo pesado dos consulentes, deixando-os à vontade e descontraídos na frente de um médium incorporado com um baiano.

Muitos desses espíritos foram descendentes de escravos que trabalharam no canavial e no engenho, o que significa que foram iniciados nas religiões de matriz africana, tendo um conhecimento muito grande de ervas e magia. Espíritos calejados, são habilidosos nos desmanchos de feitiçarias diversas e preparados para as demandas energéticas que ocorrem no Astral.

• A Linha dos Caboclos Bugres

A literatura que fala dos Caboclos Bugres na Umbanda é escassa, quase inexiste. Originalmente, o termo "Bugre" foi uma denominação dada pelos colonizadores portugueses aos índios não "catequizados", ou seja, aos silvícolas mais aguerridos, muitas vezes fugitivos perseguidos pelos capitães do mato por se recusarem peremptoriamente a uma "conversão" religiosa imposta. Na verdade, foi um apelido pejorativo, adaptado para a língua portuguesa da palavra francesa "bougre", que significava herege. De acordo com o *Dicionário Houaiss*, possui o primeiro registro no ano de 1172, significando "herético", que, por sua vez, vem do latim medieval (século VI) "bulgárus". Como membros da Igreja Ortodoxa Grega, os búlgaros foram considerados heréticos pelos católicos inquisitoriais. Dessa forma, o vocábulo passou a ser aplicado para denotar o indígena, no sentido de inculto, selvático, estrangeiro, pagão e não cristão.

Em relação aos capitães do mato, estes eram aqueles que, moradores da cidade ou dos interiores das províncias, capturavam fugitivos para depois entregá-los aos seus senhores mediante prêmio. Há que se falar um pouco sobre esses indivíduos, que gozavam de pouquíssimo prestígio social, seja entre os cativos escravos, que os consideravam inimigos naturais, seja na sociedade escravocrata, que os considerava inferiores aos rasos praças de polícia. Eram acusados pelos senhores de sequestrar escravos, apanhados ao acaso, esperando vê-los declarados em fuga para depois devolvê-los mediante recompensa. Os mais sangrentos e assassinos capitães do mato foram alguns "alforriados", que tinham a benesse dos senhores dos engenhos de cana e cafezais por escravos trazidos vivos ou mortos – geralmente eram capturados e assassinados para servirem de exemplo aos demais, desanimando-os de tentativas de fuga.

Voltando aos Caboclos Bugres, devido à dificuldade de capturá-los, eram considerados mais esquivos e aguerridos do que as próprias onças brasileiras. Mataram muitos capitães do mato, fazendo com que outros desistissem da captura, o que fez o ciclo escravocrata se concentrar nos africanos, mais "dóceis" e fáceis de adaptarem-se às propriedades agrícolas, por não serem nômades extrativistas como os índios.

Os Caboclos Bugres são espíritos aguerridos, mas não no sentido pejorativo. São os Capangueiros de Jurema, os que fazem a "tocaia" e prendem os inimigos nas demandas astrais. Aproximam-se de Ogum como guerreiros, mas são originalmente enfeixados na vibração de Oxóssi. Nas nossas vivências mediúnicas, são coordenados pelo Caboclo da Pantera e mostram-se, por intermédio da clarividência, caracterizados de felinos, cobertos com peles de onças e panteras do mato, e com as faces pintadas como se fossem "gatos". São exímios nas tocaias, esperam pacientemente, e quando atacam o fazem com precisão de um esmerado arqueiro, utilizando-se de dardos soníferos que são assoprados em espécie de "rifles" de bambu (falta-nos nomenclatura mais adequada), assim "neutralizando" certeiramente os inimigos.

As firmezas e tronqueiras

As firmezas e tronqueiras não deixam de ser assentamentos vibratórios. As tronqueiras, aquelas casinhas nas entradas dos terreiros, têm como finalidade ser um ponto de força de Exu. Ali está firmado um "portal" em que os espíritos enfeixados na irradiação de Exu trabalham, numa outra dimensão, mas com atuação direcionada para o Plano Físico, de proteção e guarda ao terreiro. Esse ponto de força funciona como um para-raios, é um portal que impede as forças hostis de se servirem do ambiente religioso de forma deturpada.

Os trabalhos espirituais na Umbanda requerem fornecimento de certos tipos de fluídos, para terem uma sustentação vibratória adequada. Os espíritos que atuam como Exus utilizam-se da volatilização dos elementos dispostos na tronqueira para beneficiar os trabalhos que são realizados dentro do templo. Assim, anulam forças negativas oriundas de magias diversas feitas para o mal, socorrem sofredores, condensam alimentos, medicamentos, roupas e instrumentos diversos em suas intercessões no umbral.

Há um preconceito em relação às tronqueiras porque muitos usam essas firmezas de forma negativa, plasmando verdadeiros portais com organizações trevosas. É relevante esclarecer, mais uma vez, que qualquer procedimento que objetive mal ao próximo não é da Umbanda, e sim de seitas que, muitas vezes, se utilizam do nome da religião.

Qualquer tipo de firmeza é uma conexão mental, um ponto de equilíbrio com o Plano espiritual. É um ponto focal de direcionamento dos pensamentos, fortalecidos quando os adeptos estão em sintonia com as vibrações das entidades que dão cobertura astral ao terreiro. Ter firmeza interna é necessário a cada médium. Manter-se equilibrado segundo os preceitos determinados pelos guias e dirigentes. Firmezas podem ser obtidas com pontos de referências físicos magnetizados como patuás e as guias – colares –, ou em pontos riscados, com a colocação de velas onde ali é deixada a energia da entidade que se dissipará no ambiente ao seu redor beneficiando assim os que ali estiverem. É verdade que pontos também podem ser de descarrego, mas todos são firmezas que atraem forças magnéticas apropriadas, gerando o benefício dos que ali se encontram ao redor.

Ressaltamos que, mesmo com todo o preparo, por meio de orações, cânticos, banhos de ervas, defumações, passes, preceitos, tronqueiras, assentamentos diversos, tudo isso se torna sem valia se o médium não tiver moral, não procurar seu melhoramento íntimo, não se esforçar na busca do autoconhecimento. O roteiro mais firme no caminho do médium é interiorizar-se e conseguir praticar os ensinamentos do evangelho, bem como de outros compêndios religiosos doutrinários que conduzem o Homem a ser do bem. Quanto mais fizer essa prática, melhor e mais firmeza terá o médium.

O Cruzeiro das Almas

O Cruzeiro das Almas é o local vibrado onde, intencionalmente, não existe piso cimentado recobrindo o chão. Dependendo da casa, pode haver areia de praia, terra preta, terra de cemitério ou terra de formigueiro e até de cupinzeiro. A terra é o elemento telúrico desintegrador por natureza. A terra de cemitério, colhida no Campo Santo, o que não tem nada a ver com terra tendo cadáver em putrefação, serve como "liga" vibratória com o Orixá Omulu, o regente e senhor da terra. Ela facilita a conexão vibratória nesse local sagrado e escoa alguns fluídos enfermiços dos duplos-etéreos dos atendidos nos terreiros e, ao mesmo tempo, tem serventia como decantador para os espíritos socorridos, que necessitam do magnetismo telúrico para "sorverem" energias balsamizantes, recompondo seus corpos astrais chagados e descarregando certas enfermidades fluídicas. Já a terra de formigueiro ou cupinzeiro tem finalidade de proteção, sendo um tipo de para-raios que atrai as cargas energéticas demandadas contra a egrégora do terreiro, desintegrando-as.

Na Casa ou Cruzeiro das Almas, o que mais se destaca é uma cruz, simples, geralmente de madeira, variando o tipo de árvore, muitas vezes sendo de aroeira; presa à cruz e pendendo dela, pode-se ter palha da costa ou um rosário de lágrima de Nossa Senhora, destacando-se sempre um crucifixo de metal. Ocorre que, assim como feito na tronqueira de Exu e no próprio Congá, "enterrado" no chão da casa das almas existe um "fundamento", conjunto de elementos fixos de "firmeza" e "força" do terreiro que são colocados para terem efeito magístico no plano etéreo-físico.

Elementos como água e velas, que não são fixos, e outros, dependendo da tradição de cada terreiro, são trocados de tempo em tempo e dinamizados pelo sacerdote dirigente, ou a quem ele confiar essa tarefa, com palavras propiciatórias, certos cânticos e rezas, que servem de imprecações e encantamentos mágicos por intermédio da utilização da força mental, que, por sua vez, sintoniza com os espíritos que verdadeiramente movimentam o éter, ou duplo correspondente, dos elementos manipulados.

Geralmente, a Casa das Almas fica posicionada à direita de quem entra no terreiro, à esquerda de quem sai, no local de maior trânsito e passagem de encarnados e, consequentemente, de desencarnados, ao lado da tronqueira de Exu. Ambas servem como um posto astral de triagem, pois nem todos serão autorizados a entrar no terreiro, sendo que alguns, por vezes muitos, ficam retidos nos campos de força de proteção e detenção localizados próximos à porta ou ao portão de entrada, conforme a disposição de cada agremiação.

A curimba, os cantos e toques – a música sacra de terreiro

A curimba é como denominamos o conjunto de voz e percussão composto pelos três atabaques e demais instrumentos tocados pelos tamboreiros e cantores. Consideramos como música sacra, pois faz parte dos ritos e das liturgias de Umbanda.

Os cânticos que são entoados têm a função de auxiliar na concentração de todos e marcam as fases do ritual, como defumação, abertura, descarga e encerramento. As sonoridades emitidas pelas batidas de tambores podem acalmar ou excitar, ou, de acordo com o jargão peculiar dos terreiros, esfriar ou esquentar. Notadamente, servem para fazer o rebaixamento das ondas vibracionais dos Orixás. A partir disso, os Guias e Falangeiros atuam melhor, "acostando-se" em seus médiuns. Assim, os cantos e toques, quando realizados com entrega e amor, atuam diretamente nos chacras superiores, notavelmente no cardíaco, laríngeo e frontal, ativando os centros de forças correspondentes para a sintonia mental psíquica com os falangeiros, como também harmonizam os chacras inferiores (básico, esplênico e umbilical), estabelecendo condições propiciatórias à mediunidade de incorporação, que requer abundante exsudação de ectoplasma, sem contudo que seja denso em demasia.

As ondas eletromagnéticas sonoras emitidas pela curimba irradiam-se para todo o centro de Umbanda, desagregam formas-pensamento negativas, morbos psíquicos, vibriões astrais "grudados" nas auras dos consulentes, diluindo miasmas, higienizando e limpando toda atmosfera psíquica para que fique em condições de assepsia e elevação que as práticas espirituais requerem. Assim, a curimba transforma-se em um potente "polo" irradiador de energia benfazeja dentro do terreiro, expandindo as vibrações dos Orixás.

Os cânticos/pontos cantados são verdadeiras orações cantadas, ora invocativas, ora de dispersão, ora de esconjuros, sendo excepcionais ordens magísticas com altíssimo poder de impacto etéreo astral, concretizando no campo da forma coletiva o que era abstrato individualmente pela união de mentes com o mesmo objetivo, sendo um fundamento sagrado e divino, o que podemos chamar de "magia do som" dentro da Umbanda.

Dizem os orientais que o verbo é "AUM" é a Vibração Original, a primeira manifestação do Absoluto Indiferenciado, de onde provém todas as demais manifestações concretas nos diversos planos de existência. Se é assim, somos todos filhos desse verbo, desse Som Primordial. Somos som, somos vibração. Vibração esta que reverbera e emite luz, por meio da glândula pineal de cada um de nós. Estamos todos interligados por essa Vibração Original, que nos iguala e nos irmana.

Se é verdade que um diapasão emite som e vibração que fazem com que uma corda musical vibre na mesma frequência e nota musical, então nos parece que o toque da curimba, quando compassado, em uníssono e matizado com as qualidades vibratórias do Orixá – invocado e potencializado pela vontade firme e consciente, com propósito definido pelos curimbeiros e por quem canta o ponto –, por intermédio do deslocamento energético vibratório produzido, sintoniza com nossa própria vibração. Acreditamos que aí ocorrem a harmonização da nossa energia e a vibração pessoal com a do Orixá invocado durante o toque. Nesse momento, é feito um refinamento dos nossos corpos sutis, como resultado dessa harmonização e pela agregação das qualidades vibratórias do Orixá. Essa sintonia permitirá a cada médium, de acordo com suas peculiaridades e capacidades individuais, harmonizar-se e sintonizar-se com a entidade específica que vem com ele trabalhar, ou mesmo com a própria vibração do Orixá, na medida de sua capacidade de "suportar" essa luz que vem de cima.

A curimba, do ponto de vista mais imediato dos nossos trabalhos, nos leva, no plano astral, tão longe e tão forte quanto o permitam nossa vontade, nosso propósito definido, sentimento de doação, sem quebra de corrente, matizados e qualificados pela atuação da espiritualidade. De um ponto de vista mais sutil, é poderoso instrumento de auxílio para ajustar nossa vibração individual com a vibração dos Orixás e das linhas de trabalho que estão atuando naquele momento, capacitando-nos para as atividades mediúnicas, para a doação qualificada de ectoplasma e de energias magnéticas, assim como para nossa lenta, contínua e – é o que se espera – inexorável elevação de nossa frequência vibratória espiritual.

Os preceitos

Os preceitos são orientações e diretrizes que devem ser adotadas por todos da corrente mediúnica. São realizados individualmente, conforme orientação particularizada dentro dos fundamentos do terreiro, buscando a harmonia do trabalhador com seu Ori, seus Orixás, Guias e Falangeiros. Por vezes, podemos ficar desequilibrados com certas vibrações que nos envolvem, decorrência de motivos diversos, podendo ser emocionais, assédios, obsessões, entre tantos outros. Temos também os preceitos coletivos, como determinadas regras gerais litúrgicas; resguardo mediúnico, banhos, rezas e interdições. Não se tratam de dogmas, mas, sim, de imposições comportamentais que exigem algumas posturas específicas, ações e abstenções voluntárias em benefício da positivação ou negativação de energias e fluídos propiciatórios ao intercâmbio mediúnico.

Fundamentalmente, um preceito tem por objetivo manter equilibrado o fluxo de axé que passa pelos corpos mediadores e chacras do medianeiro, adequadamente sintonizados com sua coroa mediúnica, isto é, seus Orixás regentes, guias e falangeiros. Ele tem diversas finalidades, formas e funções: súplica, resguardo, interdição, limpeza energética, agradecimento, firmeza e consagração. Deve ser feito de bom grado e de coração limpo, amoroso e rogativo ao Alto, numa postura de gratidão e de receptividade. Se estivermos vibrando sentimentos negativos, torna-se inócuo, um mero placebo ritual.

Não temos o intuito de aqui dar receitas de preceitos, e sim elencar alguns procedimentos de uso comum, para que o leitor compreenda melhor esse tema:

Isenção de sexo, pelo menos 24 horas antes do início dos trabalhos mediúnicos. Nada temos contra o sexo em si, quando feito com amor. Ocorre que no intercurso sexual existe uma troca energética, e os fluídos do parceiro podem interferir na sintonia com os Guias e Falangeiros.

Somos favoráveis ao *vegetarianismo.* Aos que ainda são carnívoros, recomendamos abstenção de ingestão de produto animal que dependeu do sacrifício deste, inclusive peixes, no mínimo 24 horas antes do trabalho mediúnico.

Reforçada *vigilância dos pensamentos* nas 24 horas anteriores ao trabalho mediúnico (evitando sentimentos de ódio, orgulho, inveja, vaidade, dentre outros tão perniciosos aos indivíduos).

As consagrações

O sentido de consagrar é tornar algo sagrado. A consagração é o rito que se estabelece perante a comunidade/terreiro, demonstrando que algo está sendo sacralizado. Para nós, tudo que existe dentro de um terreiro é sagrado, o próprio espaço físico e todos seus objetos. Nesse sentido, a cada reunião, pelos usos e costumes ritualísticos e litúrgicos que se renovam, tudo no raio de ação da assembleia se faz sagrado. Sendo assim, entendemos que o intercâmbio mediúnico é um ato sagrado.

O médium quando é consagrado está reafirmando seus votos de inteira disposição para servir aos Orixás e Falangeiros. É uma demonstração de que alcançou um nível aceitável em seu desenvolvimento, importante para um bom trabalho espiritual. Temos vários níveis de consagração, e o mais popular é o amaci, que é um tipo de batismo e, ao mesmo tempo, uma ação consagradora com o divino.

A importância do sincretismo para a convergência universalista da Umbanda

Sincretismo quer dizer "combinação de diversos princípios e sistemas", ecletismo, amálgama de concepções heterogêneas. É o somatório de diferentes filosofias e fundamentos magísticos que tendem para uma igualdade, podendo ser diferentes na forma e semelhantes na essência. Por ser sincrética em seu nascimento e formação, a Umbanda faz convergir para pontos em comum o que se apresenta sob diversas formas ritualísticas em todas as outras religiões do planeta. Ao contrário da opinião de zelosos religiosos, isso não a enfraquece doutrinariamente, não conspurca uma falsa pureza que outras religiões afirmam possuir e não a deixa menor do que qualquer culto ou doutrina mediúnica. Há de se comentar que a diversidade é da natureza universal, pois nada é igual no Cosmo, nem mesmo as folhas de uma única árvore. Assim, a Umbanda apresenta-se como a mais universalista e convergente das religiões existentes no orbe.

Nesse contexto, é necessário abordar o preconceito que ainda existe em relação à raça negra, particularmente a tudo o que é oriundo da África, o que se reflete irremediavelmente na passividade mediúnica. Esse atavismo acaba impregnando-se nas pessoas que atuam na Umbanda, pois ainda não somos perfeitos. Em especial quanto à origem africana da Umbanda (além das origens indígena, católica e espírita), lamentavelmente ainda persistem os ranços na busca de "pureza" doutrinária, como se tudo que viesse do continente africano fosse de um fetichismo sórdido e da mais vil magia negativa, o que não é verdade, pois temos de ser fiéis à nossa história recente e à anunciação da Umbanda na Terra.

Se não fossem os africanos, não teríamos hoje a força e a magia dos Orixás no movimento umbandista, embora saibamos que em muitas outras culturas esses conhecimentos se manifestaram, inclusive entre nossos índios, e, voltando no tempo, até na velha Atlântida.

Porém, reportando-nos aos registros históricos mais recentes, sem dúvidas, foram os africanos que, no interior das senzalas insípidas e inodoras, inteligentemente, sincretizaram os Orixás com os santos católicos, perpetuando-os em berço pátrio até os dias de hoje. Vamos resgatar um pouco dessa história, digna de todo nosso respeito.

Na época da escravidão, criou-se um sincretismo afrocatólico denominado cabula, encontrado, principalmente, nas áreas rurais dos estados da Bahia e do Rio de Janeiro. Segundo pesquisas históricas, a cabula é considerada um dos rituais negros mais antigos de que se tem registro envolvendo imagens de santos católicos sincretizados com Orixás. Como nessa fase os cultos africanos eram reprimidos nas senzalas, os antigos pais de segredo, a fim de conseguir praticar e perpetuar sua fé, mesclavam suas crenças e culturas com o catolicismo. No final do século XIX, quando ocorreu a libertação dos escravos, a cabula estava amplamente disseminada na nossa cultura como atividade religiosa afro-brasileira.

Esse sincretismo foi mantido pelo Caboclo das Sete Encruzilhadas após a anunciação da Umbanda como religião nascente, em 1908. Antes de sua origem oficial, era comum no Rio de Janeiro práticas afro-brasileiras similares ao que hoje ainda se conhece como **cabula, almas** e **angola**. Cremos que o surgimento e a anunciação da Umbanda, por intermédio da mediunidade de Zélio Fernandino de Moraes, forneceram as normas de culto para uma prática ritual mais ordenada, voltada para o desenvolvimento da mediunidade e da prática da caridade com base no Evangelho de Jesus, prestando auxílio gratuito à população pobre e marginalizada do início do século passado.

Atualmente, podemos afirmar que é majoritária a presença dos Orixás na prática doutrinária da Umbanda. Inclusive cresce cada vez mais o culto com imagens simbólicas em formas originais africanas, pois o gradativo e crescente entendimento da reencarnação sugere à coletividade umbandista que, provavelmente, muitos dos santos católicos já tenham reencarnado.

Palavras do médium

Como dirigente fundador da Grupo de Umbanda Triângulo da Fraternidade, e de acordo com os compromissos cármicos assumidos com os amigos do "lado de lá", fui orientado a cultuar os Orixás, preponderantemente, na forma africana, uma vez que se trata de imagens apenas para apoio visual à nossa adoração. Nada tenho contra quem o faz de forma diferente e convivo, harmoniosamente, com a diversidade universalista da Umbanda.

Há pouco tempo, um médium neófito apreensivo falou ao Caboclo Pery de sua preocupação por estarem falando que a Umbanda é africanista, "coisa de candomblé", porque dispomos das imagens de Oxalá, Oxóssi, Nanã, Ossanha no congá e demais Orixás africanos simbolizados no terreiro. Vibrado em minha sensibilidade mediúnica, o caboclo, em sua objetividade e calma peculiares, apontou com o indicador para a imagem de um preto velho de terno branco exposto no altar e iniciou o seguinte diálogo com o aflito medianeiro:

– Este aqui pode?

– Sim – respondeu o neófito.

– Por quê?

– Este preto velho está usando um terno, o que significa que ele foi alforriado, pois se fosse escravo não poderia. Logo, deve ser brasileiro, e não africano.

– O preto velho do Congo que trabalha com você nas consultas é africano ou nasceu no Brasil?

– Não sei dizer.

– Isso tem importância para você fazer a caridade com ele?

– Não.

– Então, meu filho, não perca tempo com os preconceitos das pessoas, com o que dizem ou não. Olhe para dentro do seu coraçãozinho e aprenda com as entidades que o assistem. Verticalize seu orgulho, desça do pedestal e se iguale aos outros, permitindo a si mesmo ver quem está ao seu lado dando-lhe assistência. Observe o que é feito dentro desta humilde choupana e conclua se há algo que contrarie os desígnios maiores do Cristo, que estão em todas as raças deste planeta tão judiado pelas emanações mentais dos Homens. As diferenças raciais foram criadas para que vocês se libertem da superioridade de uns em relação aos outros. É inevitável que reencarnem em todas para que possam aprender que as diferenças somam, e não separam, pois Deus oferece Seu amor incondicional igualmente para todas Suas criações. Vá, abaixe sua cabeça porque as trombetas da caridade estão soando! Não temos mais tempo para a orgulhosa soberba racial que tanta guerra fratricida religiosa ainda causa na crosta.

Algumas das influências e diferenças dos cultos africanos, da pajelança indígena, do catolicismo e do espiritismo

É fato que cultuamos os Orixás na Umbanda, por isso é importante enfatizar algumas diferenças cruciais em relação aos cultos das diversas nações africanas. Primeiramente, é necessário ressaltar que a prática umbandista não é politeísta: **acreditamos em um Deus único e inigualável**, não importando muito se seu nome é Zambi, Olorum ou simplesmente Pai. Os Orixás são forças da natureza, energias cósmicas provindas do Criador, portanto, não os incorporamos nem eles apresentam características humanas, como, por exemplo, vaidade, ciúme, sensualidade e raiva. Não nos vestimos com as roupas dos deuses nem damos de comer aos "santos" incorporados, e eles também não aprendem a dançar conosco.

Nos terreiros de Umbanda, manifestam-se espíritos desencarnados que têm afinidade com determinado Orixá, formando as chamadas linhas vibratórias. Na maioria, são entidades que ainda irão reencarnar e que estão em aprendizado recíproco com seus médiuns. Como têm um compromisso coletivo a realizar, encontram no Astral uma oportunidade de aprendizado e evolução fazendo a caridade. Outras (a minoria) são mentores que não mais reencarnarão compulsoriamente no planeta e, por possuírem um elevado amor, estão vinculadas à coletividade espiritual terrena nos auxiliando, assim como Jesus o faz desde épocas imemoriais.

Uma significativa parcela dessas consciências extracorpóreas poderia estar nos planos vibratórios celestiais, mas, por vontade própria, exercitando o livre-arbítrio, optou por atuar em densa camada evolutiva, como a da Terra. Assim como as águias conseguem voar rente à superfície do solo, próximo das galinhas-d'angola, os que ascenderam podem fixar-se mais abaixo, nas escalas evolutivas, para estar mais próximos dos que amam e que ficaram para trás na escada do espírito eterno. No entanto, o inverso requer esforço, transformação e mérito, assim como, por exemplo, a galinha-d'angola não consegue pairar voando no sopé da montanha como a águia.

Na Umbanda, a mediunidade é um processo natural, decorrente de uma ampla sensibilização fluídica do espírito do médium, antes do reencarne, de forma a facilitar a sintonia com as entidades que o auxiliarão e que têm compromisso cármico com ele. Isso demonstra que é dispensável as camarinhas e os longos isolamentos para "deitar para o santo", os pagamentos pecuniários aos sacerdotes, a fim de obter ritos de iniciação, bem como os sacrifícios animais com cortes rituais na altura do crânio do médium para fixar "divindades" no chacra coronário. Também não é preciso dar comida à cabeça para firmar o guia nem "obrigações" de troca com o Sagrado, muito menos adotar procedimentos de imolação com derramamento de sangue para reforçar o tônus mediúnico. É importante ficar claro que **essas ritualísticas fazem parte de outros cultos, mas não dos fundamentos da Umbanda.**

O método de interferência e "acasalamento" medianímico entre aparelho encarnado e guia espiritual é natural e concretiza-se após longa preparação entre encarnações sucessivas, conforme pôde ser comprovado pela manifestação límpida e cristalina da mediunidade em Zélio de Moraes, que, em tenra idade física, recebeu o Caboclo das Sete Encruzilhadas, numa expressão de mediunismo espontâneo e inequívoco. Há de se registrar que ele não teve "pai de santo" e nunca permitiu que o chamassem com tal distinção sacerdotal, o que nos leva a refletir sobre a vaidade existente entre certas lideranças umbandistas, cujas criaturas são iguais a quaisquer outras. Nunca se teve tantos sacerdotes, mestres, gurus e discípulos inseridos numa ferrenha e aguerrida competição entre "escolas", buscando a prevalência entre as ovelhas, como hoje, na era da comunicação digital, das listas de discussões na Internet. Esquecem de que se os pastores brigam pela tosquia do rebanho, poderá faltar lã na invernada.

Temos na origem africana da Umbanda consistente fundamentação, especialmente a do conhecimento dos Orixás, dos elementos, das ervas, dos cânticos, enfim, da magia. Foi pelo sincretismo entre a religiosidade africana e o catolicismo que os fundamentos dos Orixás se mantiveram ao longo dos tempos no Brasil, embora, voltando ao passado remoto, à época da submersa Atlântida, cheguemos a esses mesmos ensinamentos sagrados, detectando que a essência em suas semelhanças foi mantida, ainda que tenha havido uma enorme diversidade de culto na história das religiões. Inquestionavelmente, se os africanos não tivessem sido trazidos para solo pátrio, não teríamos os Orixás na Umbanda atual.

A pajelança indígena é uma expressão que designa as diversas manifestações mediúnicas dos índios brasileiros. Geralmente, é realizado um ritual em que o sacerdote (pajé) entra em contato com espíritos de ancestrais e de animais, com a finalidade de cura e resolução de problemas da tribo. Nessas sessões, podem ser tomadas infusões de ervas ou fumadas determinadas folhas que facilitam o desdobramento astral, fazendo com que o medianeiro ingresse no mundo dos espíritos de forma induzida e não natural. Obviamente, temos muito da herança silvícola na Umbanda, mas não utilizamos recursos alucinógenos para a manifestação dos espíritos.

Verificamos ainda uma pajelança cabocla, com diversos nomes, difundida na Amazônia e no Nordeste do Brasil, que se "umbandiza" aos poucos. Existem fragmentos rituais do catolicismo popular, rico em ladainhas, do xamanismo indígena, com beberagens, e, infelizmente, os indispensáveis sacrifícios (ebós), preponderantemente provindos das nações africanas, de maneira geral. Esses ritos locais são conhecidos como Catimbó, Tambor de Mina, Jurema e Toré e dão ênfase ao tratamento de doenças e ao consolo psicológico às populações carentes (cura, arrumar emprego, amor, alimento etc.), as quais, em muitos casos, só encontram nas práticas mágicas populares a possibilidade de realização de seus anseios diante de uma vida sofrida.

Observamos que esses ritos se distanciam da Umbanda quando cobram, matam animais, não respeitam o livre-arbítrio e estabelecem uma relação de troca com os espíritos, "facilitando" a vida dos carentes que os procuram para um escambo de benesses. Por outro lado, muitos pretos velhos e caboclos missionários, que são como bandeirantes andarilhos de Jesus, vão consolando e falando do Evangelho do Divino Mestre nesse meio ritual, um tanto anárquico e fetichista, de maneira a acalmar a urgência dos filhos de fé em verem atendidos seus pedidos e assim despertá-los para as verdades espirituais que ensinam: "a semeadura é livre, mas a colheita é obrigatória".

Quanto ao catolicismo, urge esclarecer que os santos católicos já devem ter reencarnado animando outras personalidades na matéria. Acreditamos, respeitando as diferenças e a necessidade cármico-evolutiva de cada terreiro, que as imagens africanas dos Orixás são mais originais e afins à Umbanda do que qualquer outra. Basta olhar um Ogum africano, simbolizando o Orixá em seus atributos ancestrais que se perpetuam no tempo, independentemente de uma individualidade, para comprovarmos a oceânica diferença de

São Jorge, um espírito que encarnou, mesmo sabendo da intensa adoração e força que a fé coletiva deposita nesse "santo".

Diante disso, é impensável não cultuar na Umbanda o São Jorge dos católicos, em cima do cavalo, com espada em punho subjugando o dragão. Esse nosso modelo de interpretação baseia-se, principalmente, na associação feita na época da escravatura entre os santos católicos e os Orixás, em decorrência da proibição religiosa de culto que os africanos sofreram. Hoje, no entanto, num ambiente de liberdade, devemos manter o sincretismo católico de acordo com a fé de cada grupo, porém conscientes das leis universais que imputam aos espíritos santificados na Terra a abençoada reencarnação, acima dos separatismos causados pelos dogmas religiosos.

Outros aspectos do catolicismo presentes em muitos terreiros são sacramentos como o batismo e o casamento, e até as procissões em vias públicas, como as habituais festividades para Ogum e Iemanjá, que coincidem com o calendário católico – a nosso ver, práticas do catolicismo amalgamadas em uma parte significativa da Umbanda, assim como era comum antigamente os filhos de africanos e índios catequizados frequentarem ao mesmo tempo tanto a igreja como os cultos de suas nações e tribos. A aplicação desses sacramentos e das chamadas iniciações ritualísticas é que acabam por criar uma casta sacerdotal que vive da religião, cobrando pelos serviços prestados. Lembremo-nos sempre que Jesus fazia tudo de graça.

No tocante ao espiritismo, a diferença básica, sem dúvida, é a ausência de ritual nos centros espíritas, os quais estão presentes na Umbanda em abundância, e até de maneira anárquica e diversificada, ao contrário da rígida padronização existente no movimento espírita ortodoxo. Entendemos que as semelhanças se dão quanto ao apelo caritativo, à mediunidade, à aceitação da reencarnação e da pluralidade dos mundos habitados, entre outras verdades universais. Entretanto, a maior semelhança entre ambas é a presença de Jesus, que na Umbanda é sincretizado com o Orixá Oxalá. Por isso, ao anunciar a nova religião, o Caboclo das Sete Encruzilhadas associou-a ao Evangelho. Teria sido acaso a presença dos ensinamentos do Cristo num ambiente religioso em que se cultuam os Orixás? Responderemos esse assunto mais adiante.

Concluindo este capítulo, queremos dizer que nossa intenção não é recomendar uma prática de Umbanda purista, mas, sim, fortalecer sua identidade, suas raízes ancestrais, inseridas num contexto social e psicológico atual, livre de perseguições e preconceitos religiosos, num ambiente de saudável diversidade, em que as diferenças devem unir, e as semelhanças fortalecer. A Umbanda sobressai em relação a outras religiões, pois se adapta às consciências nas localidades geográficas onde se expressa, dando o tempo necessário, de acordo com a capacidade de compreensão de cada coletividade envolvida pelo manto da sua caridade, ao crescimento espiritual, sem julgamentos belicosos ou imputação de dor e sofrimento como formas de crescimento. Por sua ampliada universalidade, atrai para si outras religiões, fazendo com que o entendimento de cada consciência encontre referências rituais em seus terreiros, tal como uma costureira que alinhava vários retalhos numa mesma colcha. A Umbanda resgata o consolador crístico, assim como Jesus fez em Suas andanças terrenas, e não imputa aos seus prosélitos que "fora de sua seara não há salvação".

2
O AXÉ POR INTERMÉDIO DA MEDIUNIDADE

• Esclarecimento de Ramatís • Estrutura energética do Homem, carma e regência dos Orixás • Finalidade dos amacis e banhos de ervas • A importância do ritual, o espaço sagrado nos terreiros e sua diversidade de culto • Mensagem de Caboclo Pery • O transe nos terreiros • A incorporação consciente • Por que pedimos silêncio no terreiro? • As diferenças ritualísticas e a formação da consciência umbandista: a união nas desigualdades – religião, filosofia, ciência e arte

Axé é um fluido cósmico universal. Tudo tem axé: os minerais, as matas, as folhas, os frutos, a terra, os rios, os mares, o ar, o fogo. Todos nós, seres vivos, animamos um corpo físico que é energia condensada e que também pode ser definido como "uma usina de fluido animal" (um tipo específico de axé), pois estamos em constante metabolismo energético para a sustentação biológica da vida, que é amparada por um emaranhado de órgãos, nervos e músculos, os quais liberam, durante o trabalho de quebra de proteína realizado no interior de suas células, uma substância etéreo-física de que os mentores espirituais se utilizam em forma de ectoplasma.

Durante a manifestação mediúnica no terreiro, são liberadas grandes quantidades de ectoplasma, decorrentes do próprio metabolismo orgânico dos médiuns e da multiplicação celular realizada em nível de plasma sanguíneo (na verdade, uma variedade de axé). Portanto, estamos sempre produzindo novas matrizes celulares, e a cada sete anos, em média, temos um corpo físico "novo". Nossa fisiologia é sensível à produção de um manancial fluídico consistente e necessário, uma espécie de "combustível" indispensável às curas, desmanchos de magias e outras atividades espirituais que ocorrem nas sessões mediúnicas, inclusive as cirurgias astrais.

Essa força fluídica que em tudo está é da natureza universal, independentemente do nome que queiramos designá-la. Os orientais a definem como prana*. Numa linguagem mais esotérica, é fruto de variações, no plano etéreo-físico, da energia primordial que sustenta o Cosmo, em maior ou menor nível de condensação, para se manifestar no meio materializado afim. Existe uma natural, permanente e constante permuta de axé entre os planos vibratórios e as dimensões. Liberam axé processos químicos do tipo: decomposição orgânica, evaporação, volatização e corrosão de certos elementos. É possível a liberação de axé do plano físico para o éter espiritual intencionalmente, por meio da queima de ervas e macerações, ou nas oferendas rituais com frutas, perfumes, água, bebidas e folhas.

O axé é importantíssimo para a realização de todos os trabalhos mediúnicos. Na Umbanda, o método de movimentação dessa substância difere dos utilizados em outros cultos aos Orixás, visto que a mediunidade é sua ferramenta propulsora e condutora. É por meio da força mental do médium, potencializada pelos espíritos-guias, que são feitos os deslocamentos de axé-fluido-energia. Os elementos materiais também podem ser utilizados e funcionam como potentes condensadores energéticos, mas não são indispensáveis, uma vez que deve prevalecer o mediunismo. Eles precisam ser encarados como importantes elementos de apoio, sem que deles criemos uma dependência psicológica ritualística.

---

* Palavra de origem sânscrita. Traduzida textualmente, quer dizer "sopro de vida" ou energia cósmica e dinâmica que vitaliza todas as coisas e todos os planos de atividade do espírito imortal. Onde se manifesta a vida, aí existe prana. Na matéria, o prana é a energia que edifica e coordena as moléculas físicas, ajustando-as de modo a compor as formas em todos os reinos (mineral, vegetal, animal e hominal). Sem prana, não haveria coesão molecular nem formação de um todo definido (RAMATÍS (Espírito). Elucidações do Além. Psicografado por Hercílio Maes. Rio de Janeiro: Editora e Livraria Freitas Bastos, 1964).

Entendemos que o equilíbrio na movimentação de axé se deve ao fato de que são utilizadas quantidades precisas e necessárias à caridade, não existindo excesso ou carência. Sejam os fluidos liberados pelos elementos materiais manipulados, ou pelo axé trazido pelos guias das matas e do plano astral, associado ao fornecido pelos médiuns, não há nenhum excesso. Há de se considerar que uma parcela da assistência é doadora natural de axé positivo, o que se dá em virtude da fé, da veneração e da confiança no congá e nos guias espirituais. Toda a movimentação de axé é potencializada pelos espíritos que atuam na Umbanda, falangeiros dos Orixás que têm o poder mental para deslocar o axé relacionado com cada Orixá e seu sítio vibracional correspondente na natureza. Todos esses procedimentos de atração e movimentação de axé não são baseados em trocas, obrigações, barganhas, "toma lá, dá cá", e sim na caridade desinteressada. Falar em movimentação de axé sem citar Exu é como andar de sapatos sem solas: um faz parte do outro. É Exu, enquanto vibração, que desloca o axé entre os planos vibratórios; ele é o elemento dinâmico de comunicação dos Orixás que se expressa quando o canal da mediunidade é ativado.

Como o axé é o sustentáculo da prática litúrgica umbandista, precisa ser regularmente realimentado, pois tudo o que entra sai, o que sobe desce, o que abre fecha, o que vitaliza se desvitaliza, para haver um perfeito equilíbrio magístico entre a dimensão concreta (física) e a rarefeita (espiritual). Sendo assim, mesmo que não manifestado pelo mecanismo da incorporação, pois existem terreiros que não permitem a manifestação dessa vibratória no psiquismo de seus médiuns, Exu é o elo de ligação indispensável no ritual de Umbanda. Por isso, não é necessário usar o axé do sangue nos trabalhos, hábito atávico que permanece em outros cultos, os quais respeitamos, sem emitir quaisquer julgamentos, pois não somos juízes de nenhuma religião, embora nossa consciência não aceite a prática de tais atos litúrgicos, mesmo com fins "sagrados".

Na Umbanda, o aparelho mediúnico é o meio vitalizador do ciclo cósmico de movimentação do axé, retroalimentando-o. Sendo usina viva de protoplasma sanguíneo (ectoplasma específico gerado a partir do citoplasma das células), a cada batida do seu coração a energia vital circula em sua aura, por intermédio do corpo etéreo, repercutindo em extratos vibratórios nos corpos mais sutis e volatilizando no plano astral. Assim, os espíritos mentores, tais quais pastores de ovelha tosquiando a lã nas quantidades exatas que se renovarão, apoiam-se nos médiuns, que fornecem a energia vital indispensável aos trabalhos caritativos.

Entendemos que o amor dos guias espirituais, enviados dos Orixás na prática da caridade umbandista, não combina com a imolação de um animal ou o sacrifício de uma vida para elaboração de uma oferenda votiva com a intenção de estabelecer o intercâmbio com o "divino", objetivando uma troca de axé, ou para atender a pedidos pessoais acionados por trabalhos pagos. Existem espíritos mistificadores, muitos dos quais fazem-se passar por verdadeiros guias da Umbanda, que pedem sacrifícios e comidas, a fim de vampirizar esses fluídos. Esses são dignos de amparo e socorro, que é o que fazem as falanges de Umbanda.

Esclarecimento de Ramatís
Aos que muito sabem e ambicionam, muito será cobrado.

Pergunta: Qual vossa opinião sobre o sacrifício de animais na Umbanda?

Ramatís: A Umbanda não recorre aos sacrifícios de animais para assentamentos vibratórios dos Orixás nem realiza ritos de iniciação para fortalecer o tônus mediúnico com sangue. Não tem nessa prática, legítima de outros cultos, um dos seus recursos de oferta às divindades. A fé é o principal fundamento religioso da Umbanda, assim como em outras religiões.

Suas oferendas diferenciam-se das demais por serem isentas de sacrifícios animais, por preconizarem o amor universal e, acima de tudo, o exercício da caridade como reverência e troca energética com os Orixás e seus enviados (os guias espirituais). É incompatível ceifar uma vida e, ao mesmo tempo, fazer a caridade, que é a essência do praticar amoroso que norteia a Umbanda do Espaço. Toda oferenda deve ser um mecanismo estimulador do respeito e união religiosa com o Divino, e daí com os espíritos da natureza e os animais, almas-grupo que um dia encarnarão no ciclo hominal, assim como já fostes animal encarnado em outras épocas.

Pergunta: E quanto aos dirigentes de centros que sacrificam em nome da Umbanda?

Ramatís: Reconhecemos que na mistura de ritos existentes, nem tanto nas práticas mágicas populares, dado que templos iniciáticos vistosos matam veladamente para fazer o "indispensável" ebó ou padê de "Exu", se confundem o ser e o não ser umbandista. Observai a essência da Luz Divina (fazer a caridade) e sabereis separar o joio do trigo. Tal estado de coisas reflete a imaturidade e o despreparo de alguns dirigentes que se iludem pela pressão de ter de oferecer o trabalho "forte". As exigências de quem paga o trabalho espiritual e quer resultados "para ontem" acabam impondo um imediatismo que os conduz a adaptar ritos de outros cultos aos seus terreiros. Na verdade, há uma enorme profusão de rituais que é confusa, refletindo o estado da consciência coletiva e o sistema de troca com o Além que viceja o "toma lá, dá cá". Toda vez que um médium aplica um rito em nome do Divino e sacrifica um animal, interfere num ciclo cósmico da natureza universal, causando um desequilíbrio, pois interrompe artificialmente o *quantum* de vida que o espírito ainda teria de ocupar no vaso carnal, direito sagrado concedido pelo Pai.

Pela Lei de Causa e Efeito, quanto maior seu entendimento da evolução espiritual (que inexoravelmente é diferente da compreensão do sacerdote tribal de antigamente), ambição pelo ganho financeiro, vaidade e promoção pessoal, tanto maior será o carma a ser saldado, mesmo que isso aparentemente não seja percebido no presente. Dia chegará em que tais medianeiros terão de prestar contas aos verdadeiros e genuínos "zeladores" dos sítios sagrados da natureza que "materializam" os Orixás aos Homens e oportunizam os ciclos cósmicos da vida espiritual, ou melhor, as reencarnações sucessivas das almas em seu orbe.

Pergunta: Qual a diferença entre matar um animal nos ritos mágicos e utilizar esse mesmo animal como alimento, visto que estaríamos interrompendo o mesmo *quantum* de vida que o espírito ainda teria de ocupar no vaso carnal, direito sagrado concedido pelo Pai?

Ramatís: Muitos alimentam-se dos animais e sequer acreditam em reencarnação. A cada um é dado o tempo necessário para a dilatação da consciência ante as verdades espirituais. Quanto às equânimes leis cósmicas, a mortandade impessoal automatizada nos frigoríficos modernos para saciar a fome animalesca de uma coletividade insaciável difere do ato individual do sacerdote que mata e orienta um agrupamento mediúnico. A responsabilidade do líder religioso é enorme. Quanto mais beneficia-se da energia pelas vidas ceifadas dos irmãos menores para prejudicar os outros em favor próprio, mais irá agravar sua prestação de contas nos tribunais divinos.

Não somos afeitos a estabelecer sentenças, mas certamente a avaliação de quem sacrifica em nome do Sagrado, num rito de determinado culto religioso em que ainda persistem usos e costumes por questão de fé ancestral, será feita, caso a caso, por quem tem competência no Astral superior. Os compromissos daqueles que extinguem uma vida num rito mágico qualquer são proporcionais à consciência que o conhecimento propicia. Quanto maior o saber, tanto mais dilatadas serão as consequências dos atos de cada espírito, seja encarnado ou não.

Pergunta: Qual sua opinião sobre o fato de alguns dirigentes proibirem médiuns carnívoros de trabalhar em seus centros?

Ramatís: É importante considerar que quando você julga verticalmente o ato do próximo, indicando defeitos e sentenciando o que é certo ou errado na conduta alheia, deixa seu candeeiro embaixo da goteira. As determinações sectárias de alguns dirigentes espirituais encarnados, proibindo médiuns carnívoros de trabalhar, é qual gotejamento que "apaga" a tênue luz crística que existe em vocês, uma vez que a imposição dessa falsa igualdade não conscientiza amorosamente, e sim exercita o orgulho de considerar-se melhor, mais evoluído e superior ao outro.

Pergunta: Percebemos que várias lideranças umbandistas aceitam os sacrifícios animais e a cobrança para angariar simpáticos ao seu modelo de Umbanda. Como interpretar isso?

Ramatís: A sede de poder e a disputa ensandecida de domínio perante a comunidade umbandista, ainda entontecida pela difusão de fundamentos jogados diuturnamente nas mais diversas formas de mídia que disfarçam no Sagrado a venalidade de certos sacerdotes, imperam nessas lideranças, que travam verdadeira guerra para impor seu modelo teológico. Assim, persistem numa busca ferrenha de adeptos para ter o rebanho maior, qual pastor que pula seu cercado para pegar as ovelhas do vizinho. Não importa se o do lado cobra, raspa, corta e mata. O que vale é aumentar os adeptos, qual "guru" de outrora que impressionava as multidões ao amansar tigres e cobras.

Lembrem-se de que quanto maior a inteligência e a consciência, maior pode ser a ambição. Aos que muito sabem e ambicionam, muito será cobrado pelos Orixás.

Estrutura energética do Homem, carma e regência dos Orixás

O Homem é o último elo de uma cadeia de rebaixamento energético. Os chamados corpos sutis (ou veículos da consciência) abrigam o espírito no meio dimensional necessário para que ele se manifeste na busca de experiências destinadas à sua evolução. Desde que fomos criados pelo amor de nosso Pai, fomos deslocados por um movimento maior que nos conduz a vivências múltiplas destinadas à nossa educação cósmica. Existe um grande contingente de espíritos que habitam em volta da Terra, no chamado plano astral, onde vivem em seus corpos astrais (perispíritos) aguardando na fila a oportunidade divina de ocupar o vaso carnal para resgatar débitos acumulados em vidas passadas, o que podemos denominar de "carma acumulado".

Pensemos que somos uma pilha que está destinada a descarregar-se para esgotar a quantidade de energia que precisa ser queimada no plano físico, mas nossa semeadura livre, que impõe a colheita obrigatória, acaba sendo potente dínamo que não nos deixa descarregar o carma acumulado. Isso ocorre em razão de nossa infantilidade perante as leis universais, pois, ao invés de gerarmos saldo positivo na balança de nossas ações (darma), geramos dívidas (carma negativo) para com nossos semelhantes, obrigando-nos a saldar débitos por meio de tantas reencarnações quantas forem necessárias ao aprendizado definitivo. O tempo é como um pai bondoso, e a eternidade uma mãe amorosa que nunca se cansa de nos esperar. Os sofrimentos do nosso caminho são, portanto, consequências exclusivamente de nossas próprias ações.

Os Orixás, ou melhor, as energias e forças da natureza que estão presentes em todas as dimensões do Universo, tal como se fossem o próprio hálito divino, formam impressões nos corpos espirituais desde o momento em que somos criados. Nesse instante, os Orixás vibram em nosso nascituro espírito e demarcam, para o eterno devir, suas potencialidades em nós, como um carimbo que bate com força numa folha em branco. No exato momento em que tomamos contato com a primeira dimensão expressa na forma, se impregna em nossa matriz espiritual indestrutível (a mônada) o Orixá que mais nos marcará, conhecido no meio esotérico como Orixá ancestral. Cada um tem essa marca de nascença espiritual, como uma digital cósmica, e somente os espíritos celestiais responsáveis pelos planejamentos cármicos têm acesso a essa "radiografia" do eu espiritual mais primário de cada um, se é que podemos nos fazer entender, dada a ausência de nomenclaturas equivalentes em nosso vocabulário terreno para melhor descrever a criação de espíritos e a gênese divina.

Não vamos nos aprofundar nos aspectos mais abstratos da regência dos Orixás, os quais envolvem os processos divinos de criação de espíritos, pois ainda não estamos preparados para entendê-los. Limitando-nos ao contexto de nossa proposta editorial *Umbanda pé no chão*, podemos dizer que os Orixás demarcam em nossa contextura energética fortes impressões no momento da concepção (união do gameta masculino com o feminino) e durante toda a gestação, uma vez que estamos num meio aquático de grande propensão ao magnetismo. Essa impressão culmina no exato instante de nosso nascimento, quando nossa cabeça rompe a placenta, e o chacra coronário tem contato com as vibrações dos cinco elementos planetários: ar, terra, fogo, água e éter.

Durante o ciclo reprodutivo (concepção, gestação, nascimento), é feita uma impressão magnética em nossos corpos sutis (astral e mental), de similaridades vibratórias afins com as energias dos Orixás, fazendo-nos mais propensos e sensíveis a uns Orixás em detrimentos de outros. Assim, nossos chacras (centros de energia que fazem a ligação entre os corpos físico, etéreo, astral e mental) passam a vibrar em determinadas frequências receptivas às influências dos Orixás aos quais estamos ligados para nos ajudar a evoluir, segundo débitos acumulados.

Quando ferimos a Lei do Amor provinda da Mente Cósmica, que vibra em todo o Universo e rege nossos caminhos ascensionais, emitindo toda espécie de pensamentos e emoções negativas e destrutivas, estamos quebrando uma cadeia de causalidade que, ao invés de nos libertar, propicia a formação do carma que nos prende ao ciclo das reencarnações sucessivas. Chegará o dia em que os rebeldes perceberão as forças sinistras que se intensificam na atmosfera psíquica coletiva da Terra, geradas pelos pensamentos e sentimentos humanos de ódio, inveja, luxúria, vaidade, concupiscência, ciúme, medo, desconfiança e maledicência, que desencadeiam, por meio da Lei da Afinidade, competições, fracassos, guerras e desgraças no mundo e desequilibram e enfraquecem cada vez mais os núcleos vibratórios** planetários dos Orixás.

Assim como o barulho da dinamite em abrupta explosão na rocha causará uma onda de choque no sistema nervoso de quem a recebe com impacto, promovendo um deslocamento na estrutura celular do corpo físico, as labaredas dos sentimentos e das ações movidas pelo egoísmo e desamor contra o semelhante perturbam as substâncias mais finas da estrutura atômica da mente e, consequentemente, dos corpos astral e físico. Isso ocorre em decorrência da ressonância no meio ambiente próximo àquele que as emite consciente ou inconscientemente, intencionalmente ou não, resultando no bloqueio vibratório da Lei de Afinidade em seu aspecto positivo e benfeitor, que é o aprisionamento reencarnatório para retificação do espírito.

Ainda que tenhamos a sensibilidade mediúnica exaltada para receber a energia dos Orixás, a fim de facilitar nosso equilíbrio, como um edifício construído por consistente argamassa que sustenta os tijolos, pensemos que o efeito causado por nossos desequilíbrios emocionais constantes, oriundos dos maus pensamentos que emitimos

---

** Vórtices energéticos: espécies de linhas de forças magnéticas coletivas que ligam o orbe ao Cosmo e são mantenedoras da vida e da comunidade espiritual terrícola.

como potentes golpes contra as paredes desse prédio, acaba por causar uma fissura na estrutura atômica de nossos corpos e chacras, ocasionando as mais diversas anomalias comportamentais.

Em nosso psiquismo, estão registrados hábitos viciados de outrora que serão refreados pelas energias dos Orixás, para que sejam possíveis o equilíbrio e a superação cármica enquanto espírito reencarnante que não se recorda de seus atos pretéritos quando em estado de vigília: é como usar um sapato de numeração menor, com cadarço apertado. Assim, certos aspectos comportamentais são aprimorados de acordo com a influência das energias dos Orixás. Se o psiquismo estiver saturado de energias positivas ou negativas, em abundância ou escassez, o ser encarnado poderá ter sérios distúrbios psíquicos decorrentes dos pensamentos desalinhados, os quais interferem na emotividade e causam sequelas nefastas quando somatizados, surgindo daí fobias, pânicos, depressões, ansiedades, fascinações, obsessões e doenças diversas.

Resumindo: o médium sente com mais intensidade a influência dos Orixás de acordo com a proporção da regência de sua coroa mediúnica. Ou seja, somos mais sensíveis a determinados Orixás do que a outros. Como exemplo, apresentamos a seguir a regência da coroa mediúnica de um médium hipotético:

Orixás regentes	Demonstrativo hipotético de influência
Oxóssi (primeiro)	30 a 40%
Iansã (segundo)	15 a 20%
Iemanjá (terceiro)	10 a 15%
Omulu (quarto)	5 a 10%

Os demais Orixás "pulverizam-se", podendo alterar-se em determinados momentos de nossa existência, como em situações em que nos deparamos com um problema sério de saúde ou passamos por mudanças pessoais abruptas. Nesses casos, a regência do Orixá poderá ser alterada momentaneamente, prevalecendo a energia afim necessária ao momento cármico. Quando da fundação de um templo umbandista, por exemplo, que envolve sérias mudanças nas tarefas do médium destinado ao comando do terreiro, muito provavelmente esse médium ficará com a regência de Ogum provisoriamente em primeiro plano***, pois esse Orixá está à frente das grandes demandas. Ao envolver-se com o aspecto jurídico da legalização da casa, Xangô passará a influenciá-lo intensamente, a fim de que haja equidade e justiça em suas decisões perante o agrupamento de médiuns e a assistência.

Dessa forma, em certos momentos de nossas existências carnais, de acordo com o arquétipo e a influência psicológica dos Orixás, essas energias intensificam-se ou amenizam-se em nosso psiquismo e no nosso comportamento, sem que a regência original dos Orixás na nossa coroa mediúnica seja alterada em definitivo, uma vez que eles prevalecerão por toda a encarnação para auxiliar nossa própria evolução.

No que diz respeito a quando a vibração prepondera em sua irradiação sobre o chacra coronário, é preciso enfatizar o comprometimento cármico que a regência dos Orixás estabelece com os guias do "lado de lá". Existe uma correspondência vibratória com as entidades que assistem aos médiuns, as quais, por sua vez, também estão evoluindo. Nesse sentido, no caso do demonstrativo hipotético de influência apresentado acima, muito provavelmente o guia principal que irá amparar esse medianeiro, e dele se servir, será de Oxóssi, embora isso não seja obrigatório. Consideremos aí a sensibilização fluídico-astral recebida pelo médium antes de reencarnar, a qual foi detalhadamente planejada para funcionar como um "perfeito" encaixe vibratório para a manifestação mediúnica durante as

---

*** Quando a vibração prepondera em sua irradiação sobre o chacra coronário.

tarefas caritativas, especialmente por se tratar da complexidade de incorporação aos moldes umbandísticos.

Finalidade dos amacis e banhos de ervas

O amaci é uma mistura de ervas maceradas e água de cachoeira, que é devidamente magnetizada em ritual próprio na frente do congá, a fim de fortalecer o tônus mediúnico e facilitar as incorporações. A aplicação do sumo extraído das ervas se dá atrás do crânio, massageado na altura do bulbo raquidiano, diretamente numa linha vertical com a glândula pineal, centro psíquico de recepção da mediunidade que está diretamente ligado ao chacra coronário.

Existem terreiros de Umbanda que não fazem amaci, alegando que os espíritas também manifestam espíritos e dispensam essa prática. Essa comparação é estapafúrdia e sem nenhum fundamento, provavelmente oriunda do ranço preconceituoso dos espíritas por todo e qualquer tipo de ritual. Sabemos inclusive que existem terreiros em que não se pode acender nem mesmo uma vela; outros dispensam os pontos cantados, bastando a "concentração" do médium. Se fosse um jogo de encaixar, tais posturas seriam como querer colocar um triângulo no buraco de um quadrado.

Temos de ter claro que o médium espírita, ao contrário do médium que labuta na Umbanda, não trabalha com desmanche de pesados fluidos do Astral inferior, não desintegra campos de força magnéticos sustentados pelos despachos feitos com sangue e animais sacrificados, nem serve de escudo fluídico para energias jogadas contra consulentes que procuram os terreiros.

A verdade é que, em determinados momentos do calendário de atividades anuais caritativas, o medianeiro começa a sentir fraqueza generalizada, acompanhada de dor de cabeça, indisposição e desgaste geral. Além da reenergização regular na mata, cachoeira e no mar, associada ao amaci, deverá tomar os banhos de ervas do pescoço para baixo, fortalecendo seus chacras com plantas afins com seus Orixás regentes e guias em preceitos de fixação, consagração, proteção e descarga vibratória, para harmonizar o complexo fluídico (corpos e chacras).

Nosso objetivo nesta obra não é ensinar "receitas" de banhos e amacis, e sim registrar o conceito e a importância desses fundamentos, pois os consideramos indispensáveis ao mediunismo na Umbanda.

A importância do ritual, o espaço sagrado nos terreiros e sua diversidade de culto

Somos naturalmente desconcentrados. Conseguimos prestar atenção a uma palestra, sem ficar dispersos, por até seis minutos. Por isso, os gestos, as palavras, os movimentos e os sons que caracterizam um ritual, de valor simbólico previamente conhecido dos participantes, repetidos com regularidade, favorecem a concentração e criam um condicionamento mental individual e coletivo que propicia um automatismo salutar na sintonia mediúnica. Por exemplo: diante do ponto cantado da entidade, quando o médium está "pronto", ocorre imediatamente a incorporação mediúnica.

Um ritual é uma forma de organização, um método sistematizado que objetiva disciplinar e dar uniformidade aos pensamentos, por meio de estímulos sensórios externos que são interiorizados no psiquismo. A repetição metódica e regular dos cânticos, a visão das imagens por todos os componentes do terreiro, dispostos de frente para o congá, os atabaques, os cheiros, a defumação, as cores e os movimentos repetitivos favorecem o condicionamento anímico e a entrega passiva dos médiuns que darão sustentação à corrente, fortalecendo o intercâmbio mediúnico.

Na Umbanda, existem diversos tipos de rituais, que variam conforme a necessidade espiritual do grupo e dos frequentadores da casa. Não vamos descrever nenhum deles, uma vez há uma enorme diversidade em nossa religião, além de não ser esta a finalidade deste livro. Evidenciamos, porém, o aspecto social do ritual, que visa unir seus praticantes em respeito e cumplicidade e estreitar os laços de amizade.

O terreiro de Umbanda é um local sagrado para o culto aos Orixás. As entidades espirituais que estão presentes precisam de um ambiente magnetizado positivamente para a fixação e manutenção de suas energias no espaço físico-astral, consagrado pela fé e confiança dos frequentadores, tanto da assistência como do corpo mediúnico, sendo o "lado de cá" uma consequência do "lado de lá", geralmente bem mais amplo. O culto serve, portanto, para a invocação e ligação mediúnica com os espíritos-guias que se apresentam para a realização dos trabalhos de caridade.

A diversidade de culto é consequência da fragmentação religiosa existente na consciência coletiva. Na Umbanda, essa diversidade intensifica-se em razão de sua universalidade convergente, ou melhor, porque a Umbanda atrai para si seguidores de várias religiões, que a procuram em busca da caridade. Portanto, a forma de cultuar o sagrado no interior dos terreiros não deve ser motivo de separatismos, uma vez que a unidade na Umbanda não tem conotação de igualdade; ao contrário, as diferenças devem unir, e não separar. O fundamento principal do progresso e do êxito de qualquer trabalho mediúnico está nos objetivos elevados dos seus integrantes. Só assim entidades zombeteiras e de baixo escalão vibratório não conseguirão interferir nas atividades medianímicas, independentemente do método ritual aplicado.

Muitos ainda têm preconceito em relação à Umbanda por causa de seus rituais, esquecendo-se de sua essência em detrimento das aparências externas. Quase sempre o que os olhos veem o coração não sente, assim transferimos para os que são diferentes de nós, da maneira que julgamos certo, uma falsa e impositiva sentença de inferioridade e imperfeição. Quem assim age sente-se superior e mais evoluído, como se fosse um juiz supremo.

De regra, as criaturas desconectadas da realidade espiritual iludem-se com as formas aparentes externas e exigem do outro que aja como julgam ser o certo, diante da "verdade" que pretendem possuir. Assim, ali o cristão católico alega que só com o sacrifício de Jesus existe salvação; acolá, o candomblecista considera suas rezas mais fortes que os fracos umbandistas; aqui, o espírita atribui todo o poder de realização aos espíritos mentores e atribuem qualquer rito a seres atrasados; lá, o umbandista da "Nova Era" prega a prática de uma Umbanda pessoal na sua residência e declara a falência de todos os terreiros organizados: a maioria impõe seu ponto de vista aos outros, esquecendo-se de que Deus é um só e independe de crenças pessoais ou de rígidos códigos e dogmas de uma religião.

Diante do atual estágio de evolução das consciências, os rituais ainda são necessários e benéficos, se movidos com objetivos superiores de amor e respeito incondicional ao próximo. Mesmo entre os espíritos no Espaço existem ritualismos que abalam as velhas convicções dos que retornam à pátria espiritual eivados de predisposições sectárias condenáveis, por alimentarem o falso senso de superioridade em relação a outras formas de intercâmbio mediúnico que não sejam as preconizadas pelas doutrinas que abraçaram na Terra.

Os rituais de Umbanda adotam uma lógica de assimilação de grande porosidade, isto é, "ligam-se" às suas origens africanas, as quais mantiveram vivo o panteão dos Orixás amalgamados com nossa herança cabocla, da pajelança e do xamanismo, e imbricam-se com o catolicismo popular, com o espiritismo, instruindo sobre os mecanismos mediúnicos e estruturando práticas iniciáticas de grande plasticidade, em razão da absorção em maior ou menor grau dessas diferentes formas religiosas. Estabelece-se uma capacidade ímpar de adaptação ao novo, em que qualquer elemento de outra religião da atualidade pode ser abarcado sem descaracterizar a essência da Umbanda, que é "a manifestação do espírito para a caridade".

Equivocadamente, a ideia vigente de "sincretismo" no seio de religiões e doutrinas "puras" vulgariza os rituais de Umbanda como sendo algo primitivo, de excessos alegóricos, sem fundamento, mas isso de fato é uma incompreensão dos que foram confinados à escravidão das "verdades" únicas. Na realidade, a Umbanda é uma religião aberta ao atípico e inesperado desde sua prática inicial, à época da manifestação do Caboclo das Sete Encruzilhadas, até os dias de hoje, pois elabora tipos, memórias e sentidos normalmente marginalizados e excluídos do contexto social e religioso ortodoxo vigente, permitindo o aparecimento de novas entidades e a recriação de outras.

Os rituais que sustentam as sessões de Umbanda são um meio de organizar essa diversidade, sem perder-se a essência inicial, ou seja, "a manifestação do espírito para a caridade". Sendo assim, do nosso humilde ponto de vista, a religião umbandista mergulha profundamente no inconsciente coletivo, buscando ininterruptamente nesse manancial espiritual diverso sua fonte de inspiração, ao transformar figuras do cotidiano popular, expressando-as em seu mais profundo significado psicológico para nosso melhoramento anímico-consciencial: a austeridade dos caboclos, a humildade dos pretos velhos, a irreverência dos baianos, a alegria dos ciganos, a gargalhada dos exus, a concentração dos orientais, a força dos boiadeiros, o choro das caboclas das águas, o brado dos flecheiros da jurema... um mosaico universalista em que os rituais são a mera costura da diversidade de espíritos, respeitando suas peculiaridades, sem falsas padronizações.

Assim como o vento balança as folhas de uma floresta sem importar-se com as espécies das árvores que a sustenta, a plasticidade do universo umbandista se dá pela afluência com outras religiões, numa ampla gama combinatória que vincula seus médiuns a uma múltipla composição com as entidades mantenedoras da religião, cujas manifestações se organizam em Orixás, linhas e falanges, que nem sempre são iguais de um terreiro para outro, o que não é motivo de conflito, pois o que realmente importa é a essência do trabalho espiritual que está sendo realizado.

O dinamismo e a diversidade da Umbanda são, equivocadamente, interpretados como perda de identidade. Na verdade, a Umbanda não é uma degeneração ritual de outras religiões, mas, sim, a terapêutica eletiva e necessária ao sentido comum predominante na religiosidade do brasileiro. A espontaneidade para reinterpretar fundamentos e tradições do passado, unindo conhecimentos semelhantes e agregando espíritos ancestrais como enviados dos Orixás e personagens espirituais típicos de culturas que formaram o povo brasileiro, mostra-nos uma costura profunda para nos vestir melhor, elaborada por nosso Deus Criador. Da mesma forma como todas as estrelas do firmamento são fontes de uma única luz, variando em intensidade, frequência, tamanho e luminosidade, o microcosmo umbandista garante uma unidade doutrinária capaz de abraçar diversas linguagens, tecendo um grandioso roteiro pedagógico que objetiva educar-nos na convivência fraternal.

É uma busca constante por interpretar e conviver com as diversas combinações rituais possíveis pelo canal da mediunidade, cada uma agregando-se com uma plêiade de espíritos com cultura e modo peculiares, mas todos unidos aprendendo com os que sabem mais e ensinando aos que sabem menos. Com isso, nessa multifacetada linguagem espiritual dos terreiros de Umbanda, tornamonos gradativamente consciências mais amorosas, num processo que exige a interiorização constante que só se adquire com o tempo e o melhoramento de caráter, que, por sua vez, nos aperfeiçoa com a repetição metódica da prática ritual.

Os rituais de Umbanda conduzem os cidadãos a uma vivência fruto de releituras de outras práticas e princípios doutrinários, notadamente africanos e ameríndios, católicos e espíritas, que regem as relações das criaturas com o mundo dos espíritos, e daí conduzem a um processo de religiosidade libertador e benfeitor. É notório que essa lógica inclusiva permite a existência da Umbanda sem estar "aprisionada" a uma única forma ritual. Por essa razão, toda e qualquer tentativa de uniformização que objetive uma possível codificação está fadada ao fracasso.

A pluralidade manifestou-se desde o início, em solo pátrio, pois a Umbanda não foi plasmada pelo Alto para ser mais uma religião codificada, eivada de códigos rígidos emanados de um corpo sacerdotal ungido e sacralizado, à frente da maioria de adeptos profanos e imperfeitos. Essa ampla frente de trabalho abarcou o máximo de consciências em menor tempo possível e demonstra, sob seu pano de fundo de execução ritual, a unidade na diversidade: a evolução do espírito imortal que deve aprender a conviver com diferenças que não separam, e sim unem num mesmo propósito existencial: auxiliar o próximo e exercitar o amor incondicional, tão bem exemplificado pelo Caboclo das Sete Encruzilhadas.

Logo, o ritual de uma sessão caritativa de Umbanda é um dos mais importantes e determina toda a sustentação vibratória magística com os Orixás, que serão fundamentais para a atuação mediúnica dos benfeitores do Espaço. Não por acaso, exige disciplina, silêncio e concentração, acompanhados de atitudes mentais e disposições emocionais imbuídas da mais alta fraternidade e amor ao próximo. São instrumentos de elevação coletiva do psiquismo que "abrem" o acesso aos planos suprafísicos e atemporais, um tipo de elevação vibratória que vai sendo criado e desenvolvido no interior de cada um dos médiuns, proporcionalmente ao grau de união e uniformidade ritualística que se tenha na corrente. O objetivo é a criação e sustentação da egrégora, pela emanação mental dos integrantes da corrente, nos quais os espíritos do "lado de lá" atuarão "ancorados", para se manifestarem pelo canal da mediunidade.

Abrir os trabalhos rituais é "destrancar" nosso templo interior de medos, recalques e preconceitos para que sejamos "ocupados", envolvidos fluidicamente pelos guias espirituais. Dessa forma, todos participam de um mesmo ideal (doação ao próximo), somente com a calma interior, abstraindo-se dos pensamentos intrusos que preenchem a mente com preocupações ligadas à sobrevivência na matéria, esvaziando o psiquismo periférico sintonizado com os sentidos do corpo físico, indo ao encontro do verdadeiro Eu Interno, a essência espiritual imorredoura e atemporal que anima cada um de nós. Em silêncio e serenados, conseguiremos ser instrumentos úteis de trabalho aos nossos mentores, enviados dos Orixás.

Devemos viver e sentir com intensidade o que está se passando durante os trabalhos, pois a harmonia desencadeia a expansão de nossas potencialidades anímicas, mediante forças cósmicas que nos permitirão sintonizar nosso templo interior e, a partir desse estado de alma, entrar em contato com os benfeitores espirituais que nos guiam e nos protegem durante os atendimentos aos consulentes.

A criação da verdadeira egrégora coletiva ocorrerá à medida que todos os membros da corrente estejam conscientes de que tudo acontece no plano sutil, oculto às nossas percepções sensórias ordinárias, não sendo um simples formalismo ritualístico, repetitivo, enfadonho. Essa egrégora dará início e manterá a vibração de uma sessão caritativa de Umbanda, a qual costuma atender a centenas de encarnados e desencarnados.

Infelizmente, muitas vezes, certos médiuns estão desconcentrados, olhando para os lados, absortos, entediados com o ritual, atentos ao relógio, com os semblantes pesados, cheios de preocupações. Assim, não por acaso, ao final dos trabalhos, não estão bem, com algum espírito sofredor "colado" em suas auras, pois o afim atrai o afim, carecendo esses médiuns de atendimento e da dedicação dos demais membros da corrente.

Percebe-se, com exemplos como este, a importância e a necessidade do esclarecimento frequente, por parte dos dirigentes, sobre o sentido mais amplo da abertura dos trabalhos mediúnicos de uma sessão de caridade umbandista, orientando quanto aos seus aspectos esotéricos, metafísicos e transcendentais. É imperiosa a conscientização de todos os participantes dos trabalhos práticos de Umbanda, buscando-se sempre o objetivo maior de quaisquer ritualismos, ou seja, a coesão e a uniformidade da corrente, mantendo-se assim a sustentação vibratória pelo intercâmbio mediúnico superior.

Na maioria das vezes, sempre que ocorre "quebra" de corrente durante os rituais, verificamos que alguns componentes dos trabalhos estavam desconcentrados. Noutras ocasiões, quando o medianeiro efetivamente está com interferência espiritual externa que influencia negativamente seu psiquismo, deve ser afastado "provisoriamente" dos trabalhos, a fim de ser atendido espiritualmente e obter o tempo necessário para refletir sobre seu estado mental, tendo a oportunidade de mudar a condição psíquica e emocional que o está prejudicando como médium.

Mensagem de Caboclo Pery

O ritual do terreiro é necessário para o ordenamento dos trabalhos. As formas cultuadas servem de apoio mental para firmar os pensamentos por breves instantes, auxiliando-nos ao rebaixamento vibratório das energias dos Orixás, aos quais estamos ligados para fazer a caridade na Terra.

A disciplina externa deve estar alinhada com a organização interna dos médiuns, pois o templo de fora é um reflexo da igreja interna de cada criatura que comparece à sessão, em que serão atendidas centenas de necessitados, entre encarnados e desencarnados.

A harmonia, ou como vocês dizem na Terra, o ponto de equilíbrio, é alcançada quando as fragilidades individuais são superadas, no esforço intencional de servir ao próximo, o que deve ser renovado a cada encontro semanal. A vontade, alicerçada no livre-arbítrio e no amor incondicional ao semelhante e para com o Sagrado, é a maior fortaleza de cada um na caminhada em prol da evolução individual. Jesus é o maior exemplo dessa disposição interna.

O transe nos terreiros

Conceituamos transe como uma experiência incomum – o que não quer dizer anormal –, vivenciada num grupo de pessoas sensitivas, ou médiuns, passível de observação sistematizada num terreiro de Umbanda. É um estado alterado e superior de consciência, uma experiência psíquica incomum que não se enquadra no paradigma científico, visto que não significa algo patológico – se assim o fosse deveria ser observado pela medicina, e não nos terreiros. Trata-se das capacidades anímicas e parapsíquicas intrínsecas ao espírito encarnado, que despertadas "rompem" os tênues limites sensórios do corpo físico, assim como a crisálida rasga o casulo para a borboleta voar.

Nos transes acontecem experiências que transcendem as leis da natureza ou a base de conhecimentos estabelecida pela ciência atual. Temos que considerar que os fenômenos extrassensoriais, tais como percepções mentais além dos sentidos ordinários do corpo físico e da consciência, em estado de vigília, extrapolam os limites convencionais de espaço e tempo e são amplamente vivenciadas nos terreiros de Umbanda, fazendo parte de métodos ritualísticos controladores e indutores a eles.

Ao contrário do que ocorre com muitos estudiosos espiritualistas e acadêmicos das ciências sociais, psicológicas e teológicas, que estudam as religiões de transe observando-as "de fora para dentro", carecendo de focar a vivência fazendo parte de um grupo mediúnico, nossa abordagem é de "dentro para fora", decorrência de nossa condição de médium, pesquisador e zelador de terreiro.

Objetivamos elaborar um guia de estudos a muitos que vivenciam sua mediunidade na Umbanda e não encontram respostas satisfatórias para compreender o que acontece em seu mundo íntimo psíquico, notadamente nos transes com Orixás, Guias e Falangeiros, experiências ainda polêmicas e não amplamente compreendidas na diversidade umbandista, por vezes repletas de religiosismo exagerado, misticismo infantil, dogmas e crendices pétreas que atrasam o melhoramento psicológico e de caráter do ser humano.

Notadamente, as experiências de manifestação dos Orixás na Umbanda carecem de maiores elucidações sobre as expressões anímicas do inconsciente durante os transes. Vamos insistir neste tópico e voltaremos ao tema com maiores aprofundamentos. Devemos pesquisar mais e reelaborar postulações baseadas no "já estabelecido", no imexível, sustentadas por conceitos fossilizados no passado. No momento planetário que vivemos de transes conscientes, a paralização no "já sabido" contribui para a manutenção do preconceito vigente, na sociedade leiga e em parte significativa dos terreiros "umbandistas", contra tudo que nos remete à origem africana da Umbanda. O pensamento maniqueísta vigente, dicotômico, que divide o Homem no eterno duelo entre o anjo e o demônio, o bem e o mal, amedronta-nos quanto a nossa real natureza cósmica; bloqueia-nos para que percebamos a potencialidade de nosso espírito imortal.

Por outro lado, certas lideranças formadoras de opinião das religiões afro-brasileiras da diáspora comportam-se radicalmente como "proprietárias" dos Orixás, esforçando-se para trazerem para si um pseudopoder de iniciação, como se não fosse possível a manifestação dos Orixás na "cabeça" dos seus filhos além dos limites metodológicos rito-litúrgicos preservados por eles. Pensemos os métodos rituais e liturgias reelaborados no Brasil; adaptações e hibridismos sincréticos entre as nações que, por sua vez, não existem na sua "pureza" original em África.

Nesse olhar, um Babalaô ou Babalorixá africano poderia trazer para si a "propriedade" iniciática dos Orixás, diferentemente do que se pratica pelas bandas de cá, tão arduamente mantida pelos seus ancestrais escravizados aqui. O caminho não é de intolerância e de exclusão, ensinam-nos os mestres astralizados comprometidos com essa ancestralidade, mas, sim, de bom senso e de constante esforço de ressignificação, pois a tradição mais antiga no Cosmo é que tudo está em constante mudança.

Há que se esclarecer definitivamente: a religião de Umbanda não é uma degeneração de outras religiões, e sim, inquestionavelmente, a terapêutica eletiva e necessária, fruto do sentido comum predominante na religiosidade do brasileiro. A Umbanda é uma vivência ritualista, o que não a diminui diante das outras formas organizadas de doutrinas mediúnicas que se baseiam em roteiros e diretrizes de trabalho. Reconheçamos que a verdadeira religiosidade ocorre no íntimo de cada ser, e não pela mera aplicação de fórmulas exteriores. Nos dias atuais, temos comprovações da medicina, especificamente da psiquiatria, de que os rituais religiosos mediúnicos, invariavelmente, proporcionam benefício à saúde.

Os rituais religiosos públicos, como as sessões de caridade umbandistas para a assistência, e privados, iniciações internas/sessões de desenvolvimento mediúnico, são métodos poderosos para manter a saúde mental e para prevenir o início ou a progressão de distúrbios psicológicos. Ajudam a pessoa a enfrentar o terror, a ansiedade, o medo, a culpa, a raiva, a frustração, a incerteza, o trauma e a alienação, a lidar com emoções e ameaças universais, oferecendo um mecanismo para se distanciar ou conviver melhor com esses sentimentos. Reduzem a tensão pessoal e do grupo, a agressividade, moderam a solidão, a depressão, a sensação de não ter saída e a inferioridade.

A falta de frequência a uma religião ou de pertencimento a uma comunidade religiosa ainda nos priva, por nosso individualismo primário, dos benefícios produzidos pelos rituais encenados pela maioria, caminhos antiquíssimos para a saúde psicológica, pois incorporam cognições, filiação grupal, ação litúrgica coletiva e catarses individuais, como as chamadas "incorporações" dos terreiros – estados alterados e superiores de consciência – de entidades espirituais.

A incorporação consciente

É impensável que um dirigente espiritual não saiba como lidar sem deslumbramento com as sutilezas da mediunidade de incorporação, incentivando a fascinação e o domínio de entidades menos esclarecidas que só oferecem subsídio para que a associação com crenças e atitudes de submissão, adoração ao ego do sacerdote e engrandecimento de sua vaidade nublem o discernimento quanto às experiências psíquicas que acompanham todos os médiuns, em maior ou menor grau de fenomenologia, independentemente de fé pessoal, liturgias ou rituais religiosos.

Além desses aspectos, é um desafio constante aos zeladores de terreiro a investigação sistemática, dada a complexidade dos fenômenos e a falta de autoconhecimento e estudo por grande parte dos médiuns umbandistas, que ainda são acomodados em nada fazer e são de opinião que o Guia deve fazer tudo. Deve-se estimular o diálogo pedagógico, amparado por um trabalho investigativo constante, e adotar um olhar amoroso e disciplinador em relação aos estados alterados e superiores de consciências. Estes são conscientes e comuns hoje nos transes, correlatos e subjacentes ao exercício da mediunidade no terreiro como o são as incorporações. É um tipo de transe, mas não o único, independentemente de diferenças rituais que possam haver entre uma agremiação e outra, visto que os relatos se repetem, sejam quais forem os ritualismos que organizam e estruturam o método de indução aos respectivos transes.

Vamos definir incorporação – o que não tem nada a ver com um espírito entrar dentro do nosso corpo físico – como a sensibilidade de sermos influenciados por uma entidade habitante do Plano Astral, que se aproxima e se "acopla" ao nosso perispírito e chacras etéreos, fazendo-nos entrar num estado alterado e superior de consciência. Isso posto, evidenciamos que o fenômeno acontece de fora para dentro. Esse conceito é fundamental para entendermos a manifestação dos Orixás, que se dá inversamente à tradicional incorporação, pois ocorre de dentro para fora, do inconsciente para o consciente. Explicaremos melhor mais adiante.

A Umbanda ainda não conseguiu uma organização suficiente para a unidade de seus rituais e corpo doutrinário. É certo que encontramos muitas expressões ritualizadas diferentes, de acordo com as consciências que se acercam dos milhares de terreiros; todavia, os diversos grupos existentes mantêm uma igualdade que podemos apontar como o "núcleo básico", ou ponto central inquestionável, que é a chamada mediunidade de "incorporação", um tipo peculiar de transe mediúnico induzido por meio de ritos disciplinadores.

Existem outras denominações filosóficas, religiosas e doutrinárias que consideram os rituais dispensáveis, um atraso e primarismo espiritual. Não é para esse público, "superior" à massa umbandista e "detentora" da verdade, que nos dirigimos. Entendemos que os rituais nos organizam para que consigamos nos conectar com nossos mais fortes aliados nessa constante "luta" de melhora íntima. Esses espíritos ancestrais são conhecidos e cultuados entre quase todas as civilizações antigas, notadamente as orientais, silvícolas e africanas, em se tratando do universo da mediunidade de terreiro, que são os antepassados fundamentais na formação da doutrina umbandista, com origem nos cultos religiosos da velha África, amalgamados com o xamanismo brasileiro e com os conceitos de reencarnação e preexistência da consciência provindos do Oriente.

Obviamente que as percepções advindas dessa experiência mediúnica com os espíritos ancestrais diferem das vivenciadas com os Orixás, todavia, ambas contribuem para o fortalecimento da identidade atual do indivíduo e acabam somando-se ao seu modo de ser em estado de vigília, como potencialidade psíquica que se harmoniza e se integra gradativamente à sua consciência. Muitas vezes, existem graus diversos de parentesco com as entidades espirituais, numa linha de ancestralidade muito antiga, tendo sido pais, mães, filhos e filhas uns dos outros, o que desperta intensa e profunda emoção.

Por que pedimos silêncio no terreiro?

Atente-se para o que você fala. Boas palavras são as que edificam, elevam e agradam. Más palavras são as que destroem, rebaixam e machucam. O que sai da boca é força criadora. Provindos de Deus, os Orixás são os grandes criadores e se expressam pelo som. A palavra é, portanto, um dos meios de manifestação do Divino na Terra, por isso, quando proferida, passa a produzir efeitos, e não há como fazê-la retornar. Por isso, ao adentrar um terreiro de Umbanda, pense antes de falar.

Pense novamente e evite excessos, pois, muito antes de sua chegada, os falangeiros dos Orixás estão organizando, em nível astral, todo o aparato necessário para providenciar o socorro e a cura dos espíritos doentes e sofredores. Os meios necessários para a defesa desse "hospital de almas" são ativados com a finalidade de conter os ataques trevosos que a casa irá receber antes, durante e depois da sessão. Portanto, não seja o porta-voz das sombras, trazendo desarmonia para o ambiente. Facilite o trabalho, não julgando nada, não emitindo opinião, ou melhor, adotando uma postura de imparcialidade diante do momento existencial e da dor de cada um.

Como você não sabe de seu passado, então deve vigiar seus pensamentos e suas palavras. Deve regrar-se pela verdade e pela sensatez, regular o tom de voz, falando mais baixo, e ser delicado com as pessoas.

Médium trabalhador, é seu dever transmitir paz, certeza, carinho e alegria aos que chegam. Tudo o que você fala precisa ser digno de ser ouvido por nós do "lado de cá", singelos obreiros dos Orixás.

Lembre-se sempre disso e fale aos outros como se estivesse falando direto a Deus ao pisar num terreiro de Umbanda.

Exu Tiriri

As diferenças ritualísticas e a formação da consciência umbandista: a união nas desigualdades – religião, filosofia, ciência e arte

Ao observarmos o Universo, o macrocosmo e o microcosmo que nos cercam, constatamos que nada é igual, e que Deus, o Pai-Mãe, Olorum, Zambi, Jeová, o Grande Incriado, o Único Eterno, ou como queiramos denominar o Criador, não fez Suas criações todas iguais. Não somos robôs com a mesma programação existencial, pois a diversidade é inerente às almas. Assim sendo, a Umbanda nos educa a conviver com essas diferenças, sem o ranço religioso que trazemos em nossos inconscientes milenares, ancorado na disposição psíquica de impor igualdades ao outro. Na verdade, os terreiros são como escolas que nos instruem a aceitar a diversidade ritual com harmonia, numa fraternidade que convive pacificamente com as desigualdades.

É impensável uma entidade militante no movimento umbandista exigir que se deva entrar nesta ou naquela religião, culto, igreja ou filosofia, pois ela sempre parte da aceitação da fé do consulente e, a partir daí, o direciona para o amor universal que se esparge em todas as formas de religiosidade existentes na Terra, levando-o a despertar o sentimento crístico de dentro para fora. Portanto, as formas externas que amparam nossa religiosidade no meio terreno nada mais são que escoras psicológicas transitórias, cuja finalidade é melhorar nossa compreensão do Divino, de nossa centelha espiritual, e ensinar a nos relacionarmos de maneira mais profícua com o Sagrado, expandindo nossa consciência no sentido de que fazemos parte de uma gigantesca colcha de retalhos que está pacientemente sendo costurada para nossa reintegração cósmica. Interiorizamos a Umbanda quando nossos espíritos vibram integralmente no amor incondicional, e assim passamos a não impor que "fora de nossa religião, fé ou igreja não há salvação".

Assim como os galhos das árvores são de todos os pássaros, as diferenças ritualísticas na Umbanda moldam-se à diversidade de consciências existentes e contribuem para a evolução coletiva, qual luz solar que clareia todos os telhados.

A Umbanda representa no microcosmo humano a força integradora do Universo. A vibração dos Orixás, aspectos diferenciados dessa força integradora, ao convergir para ela, oferece um momento de unificação com o Sagrado durante seus cultos rituais, como se fôssemos peixes de um aquário retornando ao oceano.

O Universo é como uma grande fraternidade em que o amor é a base que unifica os espíritos. Assim, mesmo nas dimensões de vida onde prepondera a unidade cósmica, o êxtase espiritual vivenciado pelos seres que ali se encontram não significa igualdade entre as consciências.

3
A MAGIA NA UMBANDA: AS DIMENSÕES FÍSICA, ETÉREA, ASTRAL E A MOVIMENTAÇÃO MEDIÚNICA DE ENERGIAS ENTRE ELAS

• O fundamento dos elementos e dos condensadores energéticos • Os fundamentos do congá

Magia é movimentação de energia pela aplicação da vontade e da força mental de um agente encarnado ou desencarnado (ou ambos, em união de interesses), com a finalidade de criar campos de forças magnéticos específicos (atração, defesa, retenção, repulsão). Atraímos energias quando riscamos um ponto com essa finalidade e, ao mesmo tempo, realizamos uma invocação. Quando tocamos uma sineta diante da tronqueira de Exu (local onde é fixado vibratoriamente o guardião do templo, geralmente na entrada e nos fundos do terreiro), estamos pedindo proteção e segurança. Da mesma forma, alguns atos magísticos podem ter por objetivo a retenção de certas energias, como, por exemplo, ao acendermos uma vela para um determinado Orixá no local vibrado dentro do terreiro para essa finalidade específica, ou quando rogamos amor para Oxum ou prosperidade para Iemanjá.

Temos de liberar o ato magístico da conotação de misticismo fantástico, de mistério fenomênico, de algo sobrenatural. Toda ação de magia baseia-se em leis da natureza, e delas não se consegue prescindir. Umbanda é essencialmente magística, e toda sua magia tem por finalidade o bem ao próximo. É importante deixar bem claro que todo ato de magia deve visar ao bem dentro da máxima evangélica de que "devemos fazer ao nosso semelhante aquilo que desejamos a nós mesmos".

A aplicação prática da magia ocorre por meio de invocações, evocações, esconjuros, consagrações, contagens, cânticos, mantras e outros recursos utilizados para facilitar a concentração mental. Quanto mais unido for um grupo que objetiva praticar a magia, mais coeso e força terá o ato magístico, embora um mago adestrado consiga interferir em campos de energia somente pela sua mente disciplinada.

Quando falamos em energia, tratando-se de magia, temos de contemplar as dimensões vibratórias mais próximas que nos cercam, ou seja, a física, a etérea e a astral. O pensamento tem poder criador, e o que emitimos se movimenta nessas três dimensões. A partir dessa realidade, nos conscientizamos de quão responsáveis somos pelo que pensamos.

A dimensão física é formada de energia condensada (matéria); a dimensão etérea tangencia e é contígua à física e se sustenta pela constante emanação fluídica desta, fazendo parte dela; e finalmente temos a dimensão astral, da qual a dimensão material (em que nos encontramos encarnados) é consequência, como se fôssemos um gigantesco mata-borrão. Salientamos que a verdadeira morada planetária é o mundo astral, onde passamos a maior parte de nossa existência como desencarnados.

Na Umbanda, a movimentação de energias entre essas dimensões se dá pela via mediúnica, não bastando "apenas" ser um mago sacerdote. São os guias do "lado de lá" que conduzem todos os trabalhos e têm o alcance de justiça e outorga do Astral superior para determinar a amplitude das tarefas realizadas. Por esse motivo, ficamos bastante receosos com os muitos magos existentes atualmente e com a rapidez com que são formados. Somos de opinião que está faltando mediunidade em muita magia praticada por aí. Preocupa-nos os cursos de formação coletiva, regiamente pagos, que dão insígnias sacerdotais de mago disto ou daquilo, com solenidades grandiosas de entrega de títulos e paramentos bonitos. Todo o cuidado é pouco quando tratamos com magia cerimonial caritativa de auxílio ao próximo, pois "aquele que não tem patuá que não se meta com mandinga", diz-nos sempre a veneranda Vovó Maria Conga, sabedora do efeito de retorno para todos nós quando interferimos em campos de energias de outras pessoas, sem autorização para fazê--lo em conformidade com as leis cármicas.

O médium de Umbanda é, em maior ou menor proporção, um mago, mas nem todo mago é um médium. A premissa para exercer uma função sacerdotal na Umbanda é a mediunidade, e não o contrário: dirigentes magos, sem nenhuma mediunidade, na frente de um congá. Nada temos contra a ênfase mágica sacerdotal e iniciática de outros cultos, que até podem ser confundidos com a Umbanda, em vários aspectos ritualísticos, pelos olhos leigos da sociedade. Ocorre que não somos "meros" repetidores de ritual, qual cenógrafos de teatro. Não sabemos exatamente o que se está fazendo por aí, mas com certeza esse grande comércio de magia que está virando indústria não é Umbanda, aquela Umbanda simples e de pujança mediúnica instituída pelo Caboclo das Sete Encruzilhadas. A ênfase iniciática e mágica, meramente pelo efeito ritual externo, vistoso, decorre da vaidade humana e é um reducionismo da nossa religião, da sua humildade, simplicidade e, principalmente, do mediunismo com suas entidades, verdadeiras mantenedoras da força e do axé de nossos congás por este Brasil afora.

O fundamento dos elementos e dos condensadores energéticos

Os elementos materiais não são indispensáveis e não devem se tornar bengala psicológica. As vibrações dos Orixás respondem à invocação pela força mental. Obviamente essa resposta varia de indivíduo para indivíduo. Experiências sacerdotais de vidas passadas utilizando essas energias fazem parte do inconsciente dos médiuns magistas da atualidade. É preciso considerar que a aparelhagem fisiológica do médium, quando vibrada juntamente com os guias por meio da incorporação, fornece abundantes fluidos que serão movimentados para a caridade.

Por outro lado, sabemos que os elementos materiais são importantes condensadores energéticos. Na prática do terreiro, aprendemos que, em determinados atendimentos, se utilizássemos só a força mental, os trabalhos ficariam por demais prolongados e muito cansativos. Outro fato que reforça essa opinião é que somos naturalmente desconcentrados, ainda mais depois de duas a três horas de extenuantes passes e consultas, em que nos defrontamos com as mais inimagináveis mazelas humanas.

Elencaremos a seguir alguns condensadores energéticos e sua utilização no terreiro:

• **Álcool/fogo:** transmutação, assepsia e desintegração de trabalhos de feitiçaria que estão vibrando no Astral.

• **Ervas:** maceradas liberam prana (axé vegetal) pelo sumo das plantas; quando queimadas (fumo, defumação), dispersam seus princípios químicos no ambiente astroetéreo-físico.

• **Som:** atração, concentração ou repulsão de certas energias.

• **Guias:** imantação da vibração do Orixá para proteção e descarga do médium.

• **Pontos riscados:** campos de força magnéticos de atração, retenção e dispersão, usados com os pontos cantados.

• **Pólvora:** deslocamento do éter (ar) para desintegração de campos de forças muito densos.

• **Oferendas:** agradecimento e reposição de axé (na Umbanda não fazemos oferendas para trocar).

• **Água:** imantação de uma maneira geral; descarga fluídica; meio condutor de fluidos que se quer fixar.

Devemos usar os elementos materiais com parcimônia e sabedoria, pois quando bem utilizados são valiosas ferramentas de apoio liberadoras de energias para os trabalhos de caridade, preservando o corpo mediúnico de maiores desgastes.

As defumações

"Defuma com as ervas da Jurema,
defuma com arruda e guiné,
benjoim, alecrim e alfazema,
vamos defumar filhos de fé!"

A defumação é uma ritualização que está presente em várias religiões, tais como: o budismo, judaísmo, catolicismo, dentre outras. Na Umbanda assume finalidades não só de dispersão de fluidos no plano físico, pois os fundamentos da queima das ervas são para sua eterização, fazendo com que os princípios químicos contidos nelas tenham alcance no Plano Astral e nas entidades que estão em tratamento. Tal procedimento deve ser bem observado e adequadamente preparado.

Os efeitos da defumação objetivam sempre a higienização e harmonização da aura dos indivíduos que se encontram no templo e do ambiente, assim como a elevação do tônus psíquico dos presentes. Não utilizamos a queima de ervas para machucar espíritos, espantá-los e fazer-lhes qualquer dano.

Não se deve utilizar ervas compradas em comércio com resinas químicas derivadas de petróleo. Além de não terem poder magístico, não são recomendadas para a saúde, podendo causar alergias respiratórias, rinites e sinusites. Requer-se o preparo consciente das ervas a serem utilizadas no ritual, desde quando nós as colhemos, com a permissão do mundo astral, até o momento de utilizá-las. Em seguida, passamos à mistura adequada de ervas, nas proporções necessárias para que se atinja o objetivo esperado, higienização, harmonização ou elevação. No impedimento de colheitas particularizadas com a finalidade única de utilização rito-litúrgica por meio da defumação, deve-se adquirir as ervas verdes ainda, para secarem e serem debulhadas no terreiro, consagrando-as com um rito propiciatório.

O ritual em si da defumação é muito simples. As ervas são colocadas num turíbulo de argila com braseiro. Não recomendamos o uso de qualquer material metálico para acondicionar as ervas secas durante sua queima, pois certas cargas energéticas ficam imantadas no magnetismo peculiar dos metais, principalmente os ferrosos. Durante a defumação, são cantados pontos específicos, verdadeiros mantras que "explodem" a contraparte etérea das ervas, expandindo seus princípios ativos, dinamizando-os e fazendo-os impactar em esferas vibratórias ocultas aos nossos olhos.

Salve a defumação! Salve o Poder das Ervas!

Os fundamentos do congá

O congá é o mais potente aglutinador de forças dentro do terreiro: é atrator, condensador, escoador, expansor, transformador e alimentador dos mais diferentes tipos de energias e magnetismo. Existe um processo de constante renovação de axé que emana do congá, como núcleo centralizador de todo o trabalho na Umbanda. Cada vez que um consulente chega à sua frente e vibra em fé, amor, gratidão e confiança, renovam-se naturalmente os planos espiritual e físico, numa junção que sustenta toda a consagração dos Orixás na Terra, na área física do templo.

O congá apresenta as seguintes funções:

• **Atrator:** atrai os pensamentos que estão à sua volta num amplo magnetismo de recepção das ondas mentais emitidas. Quanto mais as imagens e os elementos dispostos no altar forem harmoniosos com o Orixá regente do terreiro, mais é intensa essa atração. Congá com excessos de objetos dispersa suas forças.

• **Condensador:** condensa as ondas mentais que se "amontoam" ao seu redor, decorrentes da emanação psíquica dos presentes: palestras, adoração, consultas etc.

• **Escoador:** se o consulente ainda tiver formas-pensamento negativas, ao chegar na frente do congá, elas serão descarregadas para a terra, passando por ele (o congá) em potente influxo, como se fosse um para-raios.

• **Expansor:** expande as ondas mentais positivas dos presentes; associadas aos pensamentos dos guias que as potencializam, são devolvidas para toda a assistência num processo de fluxo e refluxo constante.

• **Transformador:** funciona como uma verdadeira usina de reciclagem de lixo astral, devolvendo-o para a terra.

• **Alimentador:** é o sustentador vibratório de todo o trabalho mediúnico, pois nele fixam-se no Astral os mentores dos trabalhos que não incorporam.

Todo o trabalho na Umbanda gira em torno do congá. A manutenção da disciplina, do silêncio, do respeito, da hierarquia, do combate à fofoca e aos melindres devem ser uma constante dos zeladores (dirigentes). Nada adianta um congá todo enfeitado, com excelentes materiais, se a harmonia do corpo mediúnico estiver destroçada – é como tocar um violão com as cordas arrebentadas.

Caridade sem disciplina é perda de tempo. Por isso, para a manutenção da força e do axé de um congá, devemos sempre ter em mente que ninguém é tão forte como todos juntos.

4
A SESSÃO DE CARIDADE
• A preparação dos trabalhos mediúnicos
• Os assentamentos vibratórios • O desenvolvimento mediúnico • Os passes e aconselhamentos espirituais
• Por que os Orixás não incorporam? • A desobsessão na Umbanda e a contramagia para o reequilíbrio

A preparação dos trabalhos mediúnicos

Uma sessão de caridade é o momento mais importante na Umbanda. Trata-se da assembleia – reunião – religiosa mediúnica com a finalidade de atender aos consulentes que vêm em busca de auxílio e socorro espiritual. O ritual de abertura de uma sessão de caridade umbandista é um dos mais importantes e determina toda a sustentação vibratória magística com os Orixás, que serão fundamentais para a atuação mediúnica dos benfeitores espirituais. Não por um acaso, é um momento ritualizado, que exige disciplina, silêncio e concentração, que devem ser acompanhados de atitudes mentais e disposições emocionais imbuídas da mais alta fraternidade e amor ao próximo.

A preparação ocorre nos instantes que antecedem a abertura dos trabalhos e é a chave para que seja bem-sucedido o acesso a um plano suprafísico e atemporal, o qual vai sendo criado e desenvolvido no interior de cada um dos médiuns presentes à sessão, proporcionalmente ao grau de união e uniformidade ritualística que se tenha para esse momento na corrente, objetivando a criação e sustentação da egrégora pela emanação mental dos componentes da corrente, aos quais os espíritos do lado de lá atuarão "ancorados" para se manifestarem por meio do canal de mediunidade.

Abrir os trabalhos de caridade é "destrancar" nosso templo interior de medos, recalques e preconceitos para sermos "ocupados" pelos Guias Espirituais. Todos participam de um mesmo ideal – doação ao próximo –, mantendo a calma interior, abstraindo-se dos pensamentos intrusos que preenchem a mente com preocupações ligadas às inseguranças diárias da sobrevivência na matéria, esvaziando o psiquismo periférico sintonizado aos sentidos ordinários do corpo físico, indo ao encontro do verdadeiro Eu Interno, a essência espiritual imorredoura e atemporal que anima cada um de nós. Em silêncio e serenados, conseguiremos ser instrumentos úteis de trabalho aos nossos mentores, enviados dos Orixás.

Por mais que tenhamos elementos de ritos, defumação, atabaques, folhas, cheiros e sons, que nos dão as percepções e que nos estimulam por meio de símbolos que podem ser visuais, sonoros ou estar em palavras faladas e alegorias litúrgicas, é somente por meio da elevação psíquica interna de cada membro da corrente mediúnica que poderemos conseguir chegar ao padrão vibratório coletivo necessário ao alinhamento com as falanges espirituais que nos envolvem de maneira consciente, efetiva e amorosa. Devemos viver e sentir com intensidade o que está se passando durante a abertura dos trabalhos. Nessa ocasião está sendo levado a cabo um momento sagrado de expansão das nossas potencialidades anímicas, mediante forças cósmicas que nos permitirão sintonizar com as instalações do nosso templo interior, bem como estar em contato com o benfeitor espiritual que nos guia mediunicamente e protege durante todos os atendimentos caritativos dos consulentes.

Repetindo-nos, percebe-se, com exemplos como este, a importância e a necessidade do esclarecimento costumeiro, repetitivo, pelos dirigentes do sentido mais amplo da abertura dos trabalhos mediúnicos de uma sessão de caridade umbandista, orientando quanto aos seus aspectos esotéricos, metafísicos e transcendentais. É imperiosa a conscientização de todos os participantes dos trabalhos práticos de Umbanda, buscando-se sempre a coesão e a uniformidade da corrente, mantendo-se assim a sustentação vibratória pelo intercâmbio mediúnico superior.

No mais das vezes, sempre que ocorre "quebra" de corrente, verificamos que se deu na abertura dos trabalhos, pela desconcentração do corpo mediúnico ou, até mesmo, da assistência, pois muitos dos frequentadores são médiuns desequilibrados e estão em sérias obsessões. Noutras ocasiões, quando o medianeiro efetivamente está com interferência espiritual externa que influencia seu psiquismo negativamente, deve ser "afastado" provisoriamente dos trabalhos para ser atendido espiritualmente, obtendo o tempo necessário para refletir sobre seu estado mental, mudando sua condição psíquica e emocional, que está prejudicando-o como médium em uma coletividade.

Quando o frequentador da assistência está visivelmente desequilibrado, a ponto de mediunizar um obsessor, deve ser fraternalmente retirado do salão, levado para a "sala" de atendimento fraterno, o que, muitas vezes, requer um trabalho mediúnico socorrista desobsessivo. Por isso, todo zelo e cuidado são poucos diante das muitas possibilidades de quebra de corrente que podem ocorrer antes e durante as sessões de caridade.

Os assentamentos vibratórios

Um assentamento vibratório é um centro ou ponto focal de influência magnética. O valor intrínseco de um assentamento vibratório não está só na sua existência como instrumento ritualístico, mas, acima de tudo, no que ele representa: uma manifestação de fé, um elemento de ligação metafísica e um potente concentrador e dinamizador energético. O objetivo principal de um assentamento é potencializar uma determinada vibração, "materializado" no duplo-etéreo dos elementos arrumados e dispostos, devidamente consagrados e ritualizados, criando potentes campos de forças que funcionam como verdadeiros portais, nos quais os espíritos-guias transitam apoiando-se para fixarem-se no espaço sagrado e, ao mesmo tempo, manterem adequadamente o intenso rebaixamento vibratório que se impõem para se fazerem sentir pelos medianeiros por intermédio da chamada mecânica de incorporação.

Temos diversos tipos de assentamentos vibratórios: o congá (altar), as firmezas e tronqueiras, o cruzeiro das almas.

O desenvolvimento mediúnico

O desenvolvimento mediúnico na Umbanda é prático e requer um tempo de aprendizado para o médium, a fim de que ele se acostume com as vibrações das entidades e aprenda a ser passivo para deixar o guia se manifestar. Como vivemos a era da mediunidade consciente, esse período é necessário para o autoconhecimento e o aprofundamento da confiança do neófito. Nosso desenvolvimento mediúnico não acontece em dia separado, e sim durante as sessões de caridade, dentro de uma proposta prática, "pé no chão". É ao lado dos médiuns que dão consultas e vendo os cambonos atuando e escutando todo o burburinho da "engira" que os médiuns iniciantes, aos poucos, vão se tornando mais confiantes e, no momento certo, manifestam seus guias.

É muito raro haver mais de três médiuns em processo de desenvolvimento no Triângulo da Fraternidade, em razão da atenção requerida. Consideramos que um dia específico para o desenvolvimento só é necessário em agrupamentos com grande número de integrantes, o que, no nosso caso, comprometeria a qualidade do trabalho. Acreditamos que a Umbanda não requer quantidade de médiuns, assim como terreiro com axé não significa terreiro maior.

O que se aprende nas sessões de desenvolvimento?

Destacamos a seguir alguns pontos importantes sobre o aprendizado no desenvolvimento mediúnico:

Os espíritos podem propagar energia mental na forma de irradiação eletromagnética. O fenômeno mediúnico se dá entre emissor e receptor, que precisarão apurar a precisão do processo. Essa potencialidade é inerente ao médium e é impossível um sacerdote concedê-la. O que se faz é confirmar o que já lhe é intrínseco ao espírito, pois seu corpo astral vibrava em frequência única e incomparável sensível à influência dos seus Guias antes da sua atual encarnação.

O aprimoramento e a qualidade do transe fundamentam-se no ajuste da sintonia vibratória entre o médium e o espírito comunicante. Obviamente não se aperfeiçoa o que não se tem, e nada adianta insistir-se em ritos iniciáticos se a sensibilidade mediúnica não é preexistente.

O envolvimento mediúnico, uma espécie de acasalamento entre as emissões mentais do guia e a receptividade do médium, se dá pela combinação fluídica entre ambos, assim como a água limpa não deve ser colocada em jarro sujo. O maior esforço será o do médium, que deverá trabalhar arduamente para apurar seu psiquismo e se tornar um bom instrumento. O que está em baixo deve ser igual ao que está em cima para que haja a comunicação mediúnica aproveitável no transe. No mediunismo deseducado, o fenômeno é inquestionável, mas a mensagem não tem qualquer serventia para nosso melhoramento de caráter.

Gradativamente, há o amadurecimento do médium para a concretização da assimilação das correntes mentais do guia, que ocuparão naturalmente sua psicomotricidade, como se a entidade estivesse encarnada. Esse processo, após ser interiorizado no psiquismo, acontecerá com fluidez, assim como o leito do rio segue calmamente em direção ao oceano.

Finalmente, o médium educado não mais ocupará sua mente com a preocupação de dominar o fenômeno da chamada incorporação, uma vez que estará "ocupado" e preenchido em sua casa mental pelo pensamento contínuo e sustentado da entidade.

O que descrevemos acima inicia-se com a aprendizagem de dar passividade psíquica nas sessões de desenvolvimento mediúnico, permitindo conscientemente o envolvimento fluídico e o aprofundamento do transe, firmando aos poucos o fenômeno em conformidade aos rituais indutores e às chamadas por linha e Orixá, tão comuns nos terreiros, que ensinam os médiuns iniciantes a darem "passagem" às entidades para que se "apropriem" harmonicamente de sua cognição e psiquismo.

Pesquisas na área da neuropsiquiatria sobre os estados alterados e superiores de consciência comprovam que, durante o amadurecimento do transe, se fixam na rede sináptica cerebral do médium certos padrões de circuitos elétricos neuronais que servem como gatilhos mentais criadores do automatismo "orgânico" do transe. Ou seja, é quase como se o guia do lado de lá apertasse um interruptor para ativar esses circuitos do médium, disparando o processo de comunicação entre ambos.

A Umbanda tem um arsenal peculiar: banhos de firmezas, descargas energéticas, rituais nos pontos de forças da natureza, entre outros cerimoniais litúrgicos que pontuam a caminhada por toda a vida dos seus adeptos. Não cabe descrevê-los detalhadamente nesta obra, pois nosso objetivo maior é a pedagogia da Umbanda, que impacta positivamente na mudança do comportamento e caráter humanos. Nosso enfoque baseia-se no fato que a manutenção do equilíbrio espiritual e psicobiossocial das comunidades de terreiro encontram nos transes rituais de Orixás, guias e falangeiros seu núcleo central.

Os preceitos, como abordado em outro capítulo, são recomendações de segurança para os médiuns. Existem diversas orientações preceituadas a todos, como os resguardos e banhos antes das sessões práticas. Todavia, o valor maior do preceito está no seu receituário individualizado, o que exige destreza do sacerdote como "cuidador" de cada Ori – cabeça. Assim, não existe um preceito igual a outro, haja vista a especificidade energética de cada médium, suas características inatas e aptidões psíquicas, por sua vez influenciadas pelos "seus" Orixás de frente e adjunto. Cada Ori é único, e mesmo que tenha a mesma regência de Orixá compondo o Eledá, haverá qualidades e desdobramentos vibratórios incomparáveis e por vezes incompatíveis.

É preciso acuidade psíquica, inquestionável cobertura mediúnica e consolidado saber de terreiro angariado no tempo com os mais velhos, tudo isso aliado à ética e ao caráter ilibado, para saber manejar adequadamente os elementos sacralizados que compõem os preceitos e as oferendas. Lidamos com vidas, por isso toda seriedade e respeito são poucos, dada a enorme responsabilidade do sacerdócio umbandista.

Quanto às iniciações, infelizmente, hoje verificamos muitas que são placebo, sem efeito algum, "receitas de bolo" realizadas até a distância pela Internet. A simples "iniciação" de um indivíduo desprovido de certos atributos básicos e essenciais, e ainda sem mediunidade, não o habilita como um "iniciado" legítimo, com direito a pertencer à corrente astral de Umbanda. Cabe ao sacerdote, dirigente, zelador, diretor de rito ou chefe de terreiro escolher com muito critério aqueles que são realmente dignos de aceitação e posterior iniciação, preponderando os atributos básicos e essenciais, além da mediunidade ativa direcionada para as lides de terreiro, que é "impressa" no corpo astral, antes da reencarnação da criatura, pois obviamente nenhuma iniciação a ativará se essa sensibilização não for preexistente.

Os passes e aconselhamentos espirituais

Muitas pessoas têm curiosidade sobre o que acontece no momento dos passes e aconselhamentos espirituais com o médium em transe lúcido, por isso vamos tentar aqui esclarecer um pouco mais sobre essa experiência tão gratificante.

Entremeando os passes e aconselhamentos espirituais dados às pessoas que procuram os terreiros, vivenciam-se experiências extrassensoriais. Quando o médium cede passivamente seu mental ao espírito comunicante, recebe as percepções sinestésicas, que ocorrem ao escutar o depoimento de um consulente frente a frente com ele, e percebe suas energias vibratórias em termos de paladar, olfato, cores e sons, estímulos psíquicos que podem vir acompanhados de fortes emoções negativas, como raiva, tristeza, angústia, vontade de chorar, ou positivas, como bem-estar, alegria, leveza, amor, entre outras sensações.

Certa vez, atendemos um consulente que tinha sofrido um incêndio em sua casa e, durante seu relato, sentimos cheiro de plástico queimado, escutamos o crepitar das chamas, e o calor nos fez suar como se estivéssemos dentro da cena descrita. Outras vezes, ao darmos um passe, feriu-nos as narinas o odor do duplo-etéreo do atendido, oriundo de suas emanações fluídicas, que são imperceptíveis em estado ordinário de consciência.

Há ocasiões, durante os ritos de louvação aos Orixás, em que escutando as cantigas que trazem palavras que nos "encantam" e nos induzem a criar imagens mentais, visualizamo-nos numa mata, numa beira de cachoeira ou em lindos jardins floridos, "catarses" que são acompanhadas de cheiro de mato, pássaros cantando, barulho de água rolando nas pedras; por vezes vemos animais como águias, onças, papagaios, lobos, búfalos, símbolos estes induzidos pelos rituais, ligados a nossa ancestralidade xamânica, que afloram do inconsciente.

Por isso tudo é que, no momento das consultas espirituais, o templo umbandista está repleto de espíritos trabalhadores e desencarnados que serão atendidos. Os médiuns com seus protetores constituem-se o ponto central de todos os trabalhos realizados. Como usinas vivas fornecedoras de ectoplasma, aglutinam-se em torno desses medianeiros os técnicos astrais que manipularão os fluidos necessários aos socorros programados. Dependendo das especificidades de cada consulente, movimentam-se as energias afins, por linha vibratória – Orixá – correspondente à necessidade de cada atendido. Ao mesmo tempo, cada guia atende em determinada função, havendo uma enorme movimentação de falanges que se deslocam para onde for necessário, tanto no plano físico como no mundo espiritual, para realizar as tarefas a que estão destinadas e autorizadas.

Nada é feito sem um comando hierárquico e ordens de serviços criteriosas, de conformidade com o merecimento e o livre-arbítrio de todos os envolvidos. A instância superior que dita e detalha a amplitude do que será feito tem recursos de análise criteriosos, que tornam impossível haver equívocos ou erros, mesmo quando há penetração na corrente mediúnica por invigilância dos próprios médiuns.

É indispensável que os médiuns cheguem ao templo umbandista imbuídos do ideal de doação, esquecendo-se de suas mazelas, de seus ressentimentos e das pequenas lamúrias do dia a dia. Em verdade, o mais importante aos amigos benfeitores é que esqueçamos nossos problemas pessoais e elevemos os pensamentos ao Alto, entregando-nos com amor às tarefas mediúnicas. Se todos conseguissem isso por algumas horas, uma vez por semana, enquanto estivessem no terreiro, facilitariam enormemente todos os trabalhos, independentemente de ritual ou elementos utilizados.

É relevante esclarecer que a incorporação permite relacionarmo-nos com irmãos espirituais e com eles aprendermos, pois, sem dúvida, seus conhecimentos e entendimentos são superiores aos nossos. Por sua vez, os amigos benfeitores precisam dos médiuns, para, por intermédio deles, ensinar e auxiliar os indivíduos que vêm pedir auxílio nos terreiros.

Com a repetição do "fenômeno" da incorporação, vivenciamos a vibração de cada entidade. Assim, com a passividade de nossos sentidos – e por que não de nosso corpo físico? –, vamos educando-nos com as Leis Divinas e, ao mesmo tempo, burilando nosso caráter e adquirindo atributos que nos espiritualizam e nos tornam Homens de bem e cidadãos mais amorosos.

Muitos chegam iludidos quanto ao que seja realmente a incorporação mediúnica positiva e precisam ser instruídos para uma manifestação psíquica produtiva, educada e com serventia para os benfeitores espirituais. Basta olharmos os vídeos nas redes sociais para vermos: ali um médium urra ornado com o "caboclo" de enorme penacho como se estivesse nas planícies norte-americanas caçando búfalos; acolá um aspirante, durante o recebimento de um passe, "incorpora" e dança rodopiado até cair desequilibrado e quase bater com a cabeça no chão; lá uma jovem rola no chão como se fosse uma criança imitando as marolas do mar; aqui um médium bebe ininterruptamente goles de cachaça e grita palavrões, pois, do contrário, seu "Exu" não fica "baixado", dentre tantos outros exemplos.

É plenamente aceitável o movimento corporal no processo de mediunização nos terreiros, bem como a utilização de certos objetos externos que são pontos focais de concentração mental, que servem de referenciais simbólicos aos circunstantes que participam dos trabalhos caritativos nos terreiros sérios e, em muitos casos, até de catalisadores energéticos para os espíritos atuarem magneticamente no ambiente.

Todavia, infelizmente, há terreiros onde impera a vaidade, para os médiuns serem admirados por quem os olha, assim a indisciplina e a falta de estudo levam ao exagero teatralizado e ao animismo coreográfico descontrolado com práticas fetichistas perdidas no tempo, mantendo as criaturas aprisionadas em nome de falsas raízes ancestrais. São tradições que precisam ser compreendidas em seus fundamentos profundos e ritualizadas à luz das consciências da presente época, eis que a Lei de Evolução Cósmica prescreve a contínua mudança.

Conscientizemo-nos de que mediunidade de incorporação não é brincadeira, é coisa séria para gente séria. Nenhuma entidade benfeitora, legitimada por direito conquistado para atuar sob a égide da Lei de Umbanda, levará seus médiuns à exposição do ridículo e muito menos a desvios morais ou de caráter. Os centros realmente de Umbanda trabalham com ordem, método, organização, disciplina e muita ética.

Assim, como o tempo engrossa o tronco do carvalho, os médiuns, paulatinamente, vão integrando-se ao ritual do terreiro. Pouco a pouco, sem pressa, suas incorporações firmam-se, aprendem a reconhecer o magnetismo peculiar de cada entidade espiritual que os assiste mediunicamente. As sutilezas vibratórias que caracterizam cada uma das linhas de trabalho, agrupadas por Orixá, finalmente estão internalizadas, compondo a sensibilidade do medianeiro, tal qual um violino bem afinado pelo músico. Em seu psiquismo, enraíza-se um saudável automatismo, pelo método de indução aos estados alterados de consciência aplicados e vivenciados repetidamente, pois o ritual que o abraça é disciplinador e o conduz à destreza mediúnica consolidada.

Entre tantos amacis – lavagens de cabeça –, banhos litúrgicos, consagrações com pemba e firmezas na natureza, que objetivam fortalecer o tônus mediúnico e a ligação fluídica do sensitivo trabalhador com os guias astrais e demais falangeiros, chega o dia em que o médium é autorizado pelo chefe do terreiro e começa a dar os primeiros passes nos consulentes, sendo assistido, se preciso, pelo diretor de rito ou dirigente espiritual.

Além de exigir-se que domine a manifestação mediúnica que ocorre em seu mundo psíquico interno, e dela externamente para o plano astral, conduzindo-se com maestria pelos intrincados mecanismos da incorporação sem perda total da consciência, conforme inicialmente falamos, ainda lhe impactam nos centros de percepção perispiritual as emoções, os sentimentos e as vibrações dos consulentes e desencarnados que os acompanham. Existe uma sensibilidade natural, nervosa, anímica, de captação psíquica do médium para os consulentes. Essa capacidade de "absorção" do psiquismo do outro é potencializada pelo envolvimento áurico do guia astral. Ainda há que se considerar, em alguns casos, os fenômenos de vidência – ver – e os de audiência – ouvir –, lhe advindo na tela mental, por meio do chacra frontal, imagens e sons extrafísicos, por vezes desconexos.

É imprescindível uma "perfeita" incorporação mediúnica, ou seja, a interpenetração do corpo astral da entidade amparadora com o corpo astral do médium, que fica levemente expandido pela irradiação magnética que é alvo do guia astral, para que o médium em si mesmo consiga suportar, por sua vez, o impacto das auras dos consulentes – e obsessores acompanhantes –, muitas vezes imantadas por campos de forças negativas de trabalhos magísticos feitos. Isso constrange a aura, o duplo-etéreo, os chacras, centros e plexos nervosos do consulente, daí indo para as glândulas e para o sistema nervoso autômato, podendo somatizar-se, desestabilizando-lhe a homeostasia e higidez corporal e até mental, abalando-lhe a saúde em amplo espectro de ação mórbida.

Em verdade, a função mediúnica mais dilatada e de maior responsabilidade ocorre quando existe o contato direto com os consulentes, olho no olho, uma peculiaridade marcante da Umbanda. É sua identidade, o que a diferencia dos outros cultos e abaliza sua independência, pois estabelece um método doutrinário próprio e uma teologia única; uma unidade aberta em construção, uma doutrina não codificada que se transforma e se adapta onde se localiza, mantendo-se viva e dinâmica no tempo, num processo contínuo de mudanças e reinterpretações simbólicas, rituais e litúrgicas, em conformidade com a necessidade de cada comunidade de terreiro juntamente com a coletividade que a cerca.

Voltando ao médium, obviamente sua aura sofreria um abalo, adquirindo rupturas em sua tela etérea, um campo vibracional específico existente no duplo-etéreo que o liga, por sua vez, ao perispírito e este ao corpo físico, filtrando os impactos negativos energéticos existentes quando o médium é exposto ao trabalho intensivo de consultas aos moldes da Umbanda. Se ele não tivesse o guia espiritual servindo-lhe como escudo de proteção, rapidamente se fragilizaria e perderia o tônus fluídico e, persistindo na tarefa com o campo áurico aberto, sem dúvida, adoeceria rapidamente. Na mecânica de incorporação, quando educada e firme, o campo vibratório do corpo astral do falangeiro o envolve, "contendo-o" como se fosse uma esfera dentro da outra – a maior, o espírito benfeitor, e a menor, o médium.

Mesmo com todo o zelo do lado de lá, de tempo em tempo, requer-se a vivência em certos ritos de reforço áurico para o medianeiro refazer-se, como, por exemplo, rituais do fogo, descargas energéticas com fundanga (queimar pólvora), banhos litúrgicos, lavagens de cabeça com ervas, entre outros preceitos individualizados, conforme abordamos anteriormente.

Por sua vez, o espírito falangeiro, com habilidade, liga-se aos Orixás e mantém um intercâmbio de Ori a Ori – cabeça a cabeça, mente a mente – com o médium, envolvendo-o em amplo e firme enfeixamento de onda magnética etéreo-astral, servindo como ponte e ponto de catalisação dessas forças divinas que são os Orixás. Sem dúvida, o que nenhum médium ou sacerdote sozinho consegue realizar, mesmo havendo assentamentos vibratórios consagrados no espaço sagrado – otás, de pedras ou cristais –, tronqueiras, altares, pois presume-se a indispensabilidade da interferência do mundo espiritual, verdadeiramente o executor de todas as tarefas realizadas.

Reforçamos que o tempo é indispensável e de suma importância ao aprendizado do médium. A captação psíquica que o médium exerce em cada encontro ritual pode consumi-lo se não estiver adequadamente "calibrada" a sensibilidade anímica. Por isso, paciência nunca é demais, e a pressa se mostra contraproducente.

A malformação mediúnica efetiva-se quando o período em que o médium deveria estar se conhecendo, desenvolvendo suas habilidades psíquicas – como ampliam-se suas percepções durante os estados alterados de consciência –, que exigem vivência prática em grupo, é substituído pelo imediatismo alimentado por deslumbramento e curiosidade pueril diante dos fenômenos mediúnicos.

Os verdadeiros guias astrais são parcimoniosos e não têm falsas urgências de trabalho, ao contrário dos obsessores, que fomentam o "encantamento", instigam a fascinação perante os conhecimentos adquiridos rapidamente, de magias e mistérios desvelados em poucas horas ou dias, pois a dominação mental, atiçada pela ânsia do intelecto de conhecimento pelo mero conhecer, proporcionam prazer a esses espíritos.

O aprendizado da incorporação requer a integração em uma corrente constituída e firmada. É de suma importância o pertencimento (adesão) a um centro, comunidade de terreiro ou templo umbandista, para que todas as etapas de construção da manifestação mediúnica equilibrada, saudável e madura se concretizem nos médiuns, tanto no aspecto cognitivo, ético e de caráter, quanto emocional; etapas estas que elaboram o desenvolvimento mediúnico no contexto dos rituais disciplinadores presenciais, de que a Umbanda se utiliza para os processos de ampliação da consciência ou para que os transes sejam eficientes.

Importante salientar que essas experiências não se restringem ao aspecto meramente pessoal, extrapolando o mundo íntimo de quem as vivencia muito além das relações sociais dos terreiros. Urge o conhecimento mais profundo da nossa potencialidade psíquica, com fundamento e arguto senso de observação dos dirigentes e médiuns da Umbanda, para que possamos estabelecer uma clara e segura diferenciação entre o normal, que é saudável e o patológico, uma enfermidade anímica.

Obviamente, o pertencimento a grupos, terreiros e comunidades, todos associados inexoravelmente na exigência de compromisso com uma tarefa caritativa, como são os passes e aconselhamentos espirituais, é motivo de segurança mediúnica aos trabalhadores, amparados por prestimosos exus, caboclos e pretos velhos, o que não interessa a nenhum espírito mistificador. Quanto mais solitários forem seus médiuns, mais fáceis presas eles serão.

Lembremos que Jesus só começou a pregar a Boa-Nova após reunir os 12 apóstolos. O Mestre, primeiramente, ocupou-se de formar um grupo, instruí-lo e prepará-lo, para que cada um se tornasse mestre de si mesmo após o calvário do sublime peregrino.

Por que os Orixás não incorporam?

Somos filhos das estrelas, comprova a astrofísica. A nebulosa que criou nossa galáxia, o sistema solar e o planeta Terra foi originada da explosão de uma estrela gigante. A fissão nuclear que houve criou condições para a fusão dos átomos primordiais de hidrogênio, formando as moléculas de carbono no processo de condensação dessa "nuvem" de poeira estelar. Estava estabelecido o ambiente físico e químico para a formação dos mundos e das futuras vidas que os habitariam. Assim criaram-se os primeiros elementos atômicos indispensáveis à formação de toda a matéria como nós a conhecemos, inclusive fundamentais para o surgimento dos reinos vegetal e animal. Ou seja, todos nós terrícolas somos cidadãos estelares.

Não por mera coincidência, a ciência comprova os mitos. As lendas que explicam a gênese divina, em conformidade com a cosmovisão africana (iorubá), dizem-nos que a vacuidade – o nada – existia e que Deus, "entediado" por não ter nada a fazer, resolveu criar os Orixás, os mundos e os Homens. Exu foi o primeiro Orixá criado, o Grande Mensageiro Divino. Oxalá, que sempre existira "dentro" de Deus, criou todos os demais Orixás, servindo-se do meio de ligação com as futuras formas a serem criadas do fluido cósmico universal. Também Exu foi a primeira estrela criada, deixando o imponderável e rarefeito "nada" de existir a partir dessa luminosa incandescente. Em verdade, Exu é a massa primeva que fermentou a gênese divina. Oxalá, tendo como base o mensageiro cósmico, Exu, imprimiu sua volição à indiferenciada massa primeva fluídica, tornando-a afim a certos atributos e poderes divinos de realização, a diferenciando em relação a si mesmo. Estavam criados os demais Orixás. Exu foi o primogênito da Criação, nascido diretamente do Hálito Divino.

Após essas considerações preliminares, perguntamos se é um acaso a ciência comprovar que todos nós somos originários da nebulosa inicial que criou nossa galáxia, sóis e planetas? O mito explica o aspecto metafísico da criação, a ciência ratifica o mito, e nossos ritos recriam a mitologia. Relembrar a criação é resgatar a essência sagrada que habita dentro de nós. Então, todos somos criados de uma massa primeva, uma "substância" imponderável, quintessência geradora de todas as formas inanimadas e vivas que conhecemos no Universo materializado. Cada um de nós "carrega" dentro de si um pedacinho "imanifesto" e sutil, uma partícula da massa cósmica geradora da vida. Esse núcleo é nossa centelha, mônada ou chispa espiritual, como se fosse uma faísca da primeira estrela criada.

A cada encarnação, esse núcleo intrínseco ao espírito é "acondicionado" em um envoltório feito da massa primordial dos Orixás cósmicos, assim como uma casa recebe nova pintura a cada ano novo. Esses Orixás ligam-se vibratoriamente ao nosso Ori, à nossa morada interior, complexo energético que contém nossa cabeça e permite a expressão da consciência e sua comunicação com o inconsciente por intermédio do trânsito regular de *insights* e disposições psíquicas inatas.

Não devemos confundir Ori com cabeça física, mas, sim, entender que a esta está contida nele, como se Ori fosse um duplo que habita a quarta dimensão, e o crânio com o cérebro físico se encontra na terceira dimensão, sendo que a primeira é sobrenatural e a segunda, natural. Ou seja, a caixa craniana é somente a parte orgânica, fisiológica, ao contrário do duplo, que é metafísico e resiste à morte física, ou seja, continua a existir entre uma encarnação e outra, o que significa que nossa consciência é permanentemente viva.

No duplo, ou na contraparte etérea de frente da cabeça, temos o Orixá de frente, ligado ao nosso futuro e ao nosso propósito de vida humano. Na nuca está alojado o Orixá adjunto, que se relaciona com nosso passado. Ambos "moram" nas profundezas do nosso inconsciente.

O primeiro relaciona-se às experiências que teremos que vivenciar durante a breve existência humana, auxiliando-nos a superarmos as pedras do caminho da libertação pelo espírito do ciclo de reencarnações sucessivas. Em verdade, são os "resíduos" psíquicos do nosso ego que nos aprisionam no mundo das ilusões.

Ego, com base na interpretação filosófica, significa o "eu de cada um", ou seja, o que caracteriza a personalidade de cada indivíduo. O ego é considerado o "defensor da personalidade", pois é responsável por impedir que os conteúdos inconscientes passem para o campo da consciência, acionando assim seus mecanismos de defesa. O Orixá de frente relaciona-se diretamente ao que teremos que superar em nós para vencermos a grande demanda contra o Ego, nosso incansável inimigo.

O segundo apoia dando-nos força, reavivando aptidões e impulsos positivos que residem nas profundezas do passado, experiências "adormecidas" no inconsciente que despertam e ajudam na superação íntima para a vitória sobre o Ego.

Fizemos essas digressões resumidas desde a criação, um recorte entre a ciência e a mitologia, para demonstrar a impossibilidade absoluta de incorporação de um Orixá, esta entendida aos moldes consagrados na Umbanda e no espiritismo.

A mediunidade contempla a comunicação com uma consciência (entidade) individualizada, existente a partir da quarta dimensão – Plano Astral. Logo, podem existir espíritos que se fazem entender "incorporados" em seus médiuns dizendo-se "Orixás". Em verdade, estão enfeixados na vibração do Orixá. Infelizmente, vários terreiros aceitam entidades dizendo-se "Orixá" como o sendo, o que demonstra a necessidade de maior senso de observação, estudo e pesquisa dos processos psíquicos e anímicos mais profundos que afloram nos processos de transe. Dessa forma, consagram uma falsa "verdade" ao incipiente senso comum, ou, o que é mais preocupante, ao ego do médium, que se aproveita disso e estimula a exaltação dele mesmo para ser tratado como uma divindade, advindo o extravasamento de recalques e todo o tipo de abusos espirituais dos devotos.

O intuito aqui não é criticar ninguém, pois não temos esse direito, todavia, devido aos enormes absurdos que certos "Orixás" incorporados fazem, resta-nos o dever de chamar a atenção para o que não é plausível diante de uma ética, que toda a religião que objetiva a expansão da espiritualidade do ser humano deveria ter. Entendemos que existem métodos ritualísticos diferentes dentro das religiões afro-brasileiras que objetivam "despertar" o Orixá adormecido no inconsciente do indivíduo, baseados em uma ética e tradição consagradas numa linhagem iniciática ancestral, aos quais respeitamos incondicionalmente. Pelo lado que nos compete, afirmamos que, preponderantemente nas Umbanda(s), somente os espíritos incorporam, diferenciando-se dos Orixás, pois são conceitualmente aceitos como guias, falangeiros, mentores ou enviados.

Na atualidade umbandista, cada vez mais aceita-se o fato de que ocorrem manifestações espontâneas dos Orixás em nossos rituais, consideradas fenômenos naturais. Essas partículas divinas "residentes" no inconsciente profundo emergem a superfície da consciência ampliada e expressam-se de dentro para fora durante os estados de transe, por vezes simultaneamente ao envolvimento mediúnico da entidade, outras vezes isoladas de qualquer influência de espíritos externos, a não ser o próprio espírito do médium.

Importa deixar novamente registrado que Orixá é potencialidade divina que "dorme" em todos nós, nas profundezas oceânicas do inconsciente. Quando se manifesta, rompe as barreiras do Ego e somos guindados a uma unificação com nosso "Deus Interno", a essência e o núcleo central de nosso espírito, fagulha da chama criadora, do próprio Deus.

A desobsessão na Umbanda e a contramagia para o reequilíbrio

A desobsessão na Umbanda ocorre durante as consultas da sessão de caridade. Com a palavra mansa e calma do preto velho, com a austeridade direta do caboclo, com a irreverência do Exu, vão os obsessores sendo doutrinados e encaminhados ao Astral. Muitas vezes, basta um passe com galhinho de arruda e o enorme amor de uma vovó para que os ferrenhos inimigos do "lado de lá" se apaziguem e se deixem levar. Quem tem olhos de ver e ouvidos de escutar pode observar o que acontece em nossas "engiras".

Entendemos como contramagia todo o axé (força) do Orixá que é canalizado para o equilíbrio do consulente. É como um suprimento energético que está faltando. Numa sessão de caridade, todas essas energias movimentam-se para que as entidades possam utilizá-las na medida exata para o bem-estar de cada um.

5
OS ORIXÁS
- Os sítios vibracionais dos Orixás
- Alguns tipos psicológicos associados aos Orixás
- Os florais • Os cristais

Os Orixás são aspectos da Divindade, altas vibrações cósmicas que se rebaixam até nós, propiciando a apresentação da vida em todo o Universo. Cada um dos Orixás tem peculiaridades e correspondências próprias na Terra: cor, som, mineral, planeta regente, elemento, signo zodiacal, essências, ervas, entre outras afinidades astromagnéticas que fundamentam a magia na Umbanda por linha vibratória.

Os sítios vibracionais dos Orixás

Encontraremos nos sítios vibracionais dos Orixás sempre os três reinos: mineral, vegetal e animal. Os sete sítios vibracionais principais são: mar, praia, rio, cachoeira, montanha, pedreira e mata, os quais descrevemos a seguir:

Mar: tudo no mar é movimento. Seu incessante vai e vem é a própria pulsação da vida, com sua expansão e contração, cheia e vazante, levando tudo o que é negativo, transformando-o e devolvendo convertido em positivo. Seu próprio som expressa essa possante e magnífica transformação.

Praia: tem praticamente a mesma composição do mar, sendo condensadora, plasmadora, fertilizante e propiciatória. Faz um potente equilíbrio elétrico, desimpregnando, descarregando excessos e promovendo o equilíbrio da energia interna do indivíduo.

Rio: condutor, fluente, sem ser condensador, faz as energias fluírem e também vitaliza. É muito importante numa purificação astrofísica do indivíduo e na eliminação de cargas negativas.

Cachoeira: encontramos elementos coesivos das pedras (mineral) e água potencializada na queda da cachoeira, que produzem ou conduzem várias formas de energia. Como as águas fluem num só sentido, purificam, descarregam, vitalizam, equilibram e fortalecem o indivíduo como um todo (no físico-etéreo).

Pedreira: reestrutura, forma, regenera, fixa, condensa, plasma e dá resistência mental, astral e física ao indivíduo.

Mata: condensa o prana (energia vital), restabelece a fisiologia orgânica, principalmente a psíquica, fortalece a aura, o campo astral, o eletromagnetismo, a saúde, o mediunismo, plasmando forças sutis.

Montanha: mesmo procedimento acima, havendo predominância dos elementos eólicos.

Alguns tipos psicológicos associados aos Orixás

São necessários anos de vivência prática num terreiro para que nos aprofundemos nesse assunto. Ponderamos que os traços psíquicos associados aos Orixás não são definitivos nem se apresentam isolados um dos outros. Como sofremos a influência do meio ambiente biopsicossocial em que vivemos e, ao mesmo tempo, das energias de todos os Orixás, o comedimento, a observação arguta e a vivência no decorrer dos anos são os melhores parâmetros para o autoconhecimento e aprimoramento perante a vida. Portanto, o conhecimento da psicologia dos Orixás é somente um dos muitos caminhos que nos fornecem referências de comportamento na busca do aperfeiçoamento humano e da evolução espiritual.

A seguir, apresentamos uma descrição resumida dos perfis psicológicos dos indivíduos, associados aos Orixás correspondentes, segundo nossas observações.

• Oxalá

Atributos: fortaleza e paciência, estabelece a ligação com a espiritualidade e leva ao despertar da fé e à compreensão do "religare" com o Cristo interno.

Oxalá é o Pai de todos os Oris (cabeças), assim como Iemanjá é a Grande Mãe!

Os tipos psicológicos dos filhos de Oxalá são bondosos, serenos, prestativos, pacientes e sábios. Perante certos obstáculos da vida, podem ser lentos em suas decisões, distantes e fechados, mas são persistentes e não gostam de fazer alarde. São aparentemente frágeis, um tanto delicados. Por outro lado, essa aparente fragilidade psíquica é compensada com uma enorme força moral, o que os faz fortes diante das fraquezas humanas, dos doentes e oprimidos. São de Oxalá pessoas altruístas e dedicadas a uma causa social, de ajuda aos injustiçados e aos oprimidos.

Aspectos positivos: devoção, fé, abstração meditativa, ligação com o espiritual, calma e serenidade "aparente". São asseados mental e fisicamente, caseiros e amigos acima de tudo. Com eles, rege a tranquilidade, o silêncio e a paz no ambiente.

Aspectos negativos: fanatismo, teimosia, isolamento, desprezo pelo material, melancolia, impaciência, ira, crueldade. São muito orgulhosos.

Podem desenvolver mania de limpeza.

Florais de Bach: Impatiens, Mustard, Crab Apple, Water Violet e Vervain.

Florais de Saint Germain: Patiens, Embaúba, Flor Branca, Verbena, Boa Sorte e Abundância.

Saúde: têm um sistema nervoso delicado; "aparentemente" inspiram tranquilidade, mas são explosivos interiormente, necessitando de períodos de isolamento como forma de repouso. Devem cuidar da coluna vertebral (rege coração e coluna).

Minerais: pedras brancas, cristal de quartzo, howlita, diamante e brilhante.

Metal: ouro.

Elemento: ar.

Signo regente: leão.

Planeta: Sol.

Ervas: arruda, levante, guiné, manjericão e boldo de Oxalá.

Flores: girassol e jasmim.

Chacra: coronário.

• Iemanjá

Atributos: respeito e amor; desperta a Grande Mãe em cada um, a percepção de que podemos gerar "vida" e de que somos co-criadores com o Pai. Estimula-nos ao amor maternal, sem apego, fazendo com que seus filhos sejam cidadãos do mundo.

Do mar provêm o sustento e a prosperidade, mas Ela nos ensina que "o pescador quando não pode ir ao mar, ele conserta suas redes", ou seja, há tempo para tudo! Ensina-nos a lidar com as adversidades! Ela é a "Grande Mãe de todos os Oris" (cabeças)!

Os tipos psicológicos dos filhos de Iemanjá podem ser imponentes, majestosos, dignos, calmos, sensuais e fascinantes (o canto da sereia). As filhas de Iemanjá são boas educadoras, organizadas no lar e dadas ao relacionamento social familiar; elas criam filhos adotivos com amor! Porém, tendem a ser vingativas e a ter dificuldade de perdoar as ofensas, pois geralmente são ciumentas e possessivas com as pessoas que amam.

Aspectos positivos: prosperidade e abundância em todos os sentidos; acolhimento, zelo (preocupação com o bem-estar dos que ama), sentido de união, humanitarismo, criatividade, procriação no sentido de progresso (evolução).

Aspectos negativos: avareza, rejeição, medo, apego, posse excessiva (paralisando o progresso), mesquinhez e insensibilidade.

Florais de Bach: Red Chestnut, Chicory e Mimulus.

Florais de Saint Germain: Rosa Rosa, Leucantha, Triunfo, Wedélia e Unitatum.

Saúde: podem apresentar distúrbios renais que acarretam prejuízos à pressão arterial; tendem a manifestar alergias a lugares fechados e rinite alérgica ou asma. Seus pontos fracos são as glândulas suprarrenais e o aparelho reprodutor.

Minerais: ágata, abalone, água marinha, pedra da lua e cristais leitosos.

Metal: prata.

Elemento: água.

Signo regente: câncer.

Planeta: Lua.

Erva: colônia.

Flor: rosa branca.

Chacra: frontal.

• Xangô

Atributos: sabedoria e prudência; entendimento do encadeamento de nossas ações e reações, as quais estabelecem uma relação de causa e consequência no sentido de ascensão espiritual (equilíbrio cármico).

Alinha o poder da vontade com o coração, ou seja, o propósito da alma. Ensina-nos que a "chave do conhecimento tem que virar sabedoria".

Os tipos psicológicos dos filhos de Xangô podem ser voluntariosos, rígidos em suas opiniões e, quando contrariados em seu ponto de vista, são enfáticos e até duros na defesa de suas opiniões, principalmente se estiverem com a razão. Todavia, com a maturidade, tornam-se muito sábios, mansos e de grande compostura moral, como o velho pastor da montanha que tem a firmeza da rocha e a mansuetude da ovelha.

Aspectos positivos: justiça, discernimento, palavras adequadas no momento certo, equidade, nobreza de caráter, atitude digna, organização e trabalho, progresso cultural e social, altivez e inteligência. Têm habilidade na oratória e no domínio das multidões e gostam do conforto.

Aspectos negativos: onipotência, rigidez de opiniões, vitimização, palavras metálicas que ferem ("só eu tenho razão"), prolixidade, vaidade exacerbada e conservadorismo extremo.

Florais de Bach: Vervain, Rock Water, Beech e Willow.

Florais de Saint Germain: Verbena, Piper, Alcachofra e Wedélia.

Saúde: problemas no sistema cardiovascular, podendo aparecer hérnia, hipertensão, estresse e ansiedade (impotência masculina).

Minerais: ametista, topázio, quartzo citrino, pedra do sol, ágata de fogo, jaspe marrom e vermelho.

Metal: estanho.

Elemento: fogo.

Signos regentes: sagitário/peixes.

Planeta: Júpiter.

Ervas: guiné, para-raios.

Flor: lírio branco.

Chacra: cardíaco.

• Ogum

Atributos: vontade e vitória; os chamados caminhos abertos que simbolizam o caminho e o próprio caminhante.

Há um ditado antigo que diz: "Quando você dá o passo, Deus coloca o chão". Essa é a energia propulsora da conquista, o impulso da ação, do poder da vontade (o poder da fé). É a força (luta) inicial para que haja a transformação, é o ponto de partida, aquele que está à frente. É a vida em sua plenitude, o poder do sangue que corre nas veias, a manutenção da vida.

Os tipos psicológicos dos filhos de Ogum podem ser irascíveis, excessivamente diretos em suas opiniões, francos em demasia e até impulsivos. São tenazes e agem com muita vontade e energia para alcançar seus objetivos e não descansam enquanto não atingem a vitória, quando muitos já teriam desistido da luta e perdido as esperanças. Por serem demasiadamente francos, às vezes, são arrogantes e autossuficientes, melindrando pessoas de estima baixa com certa facilidade. No entanto, pela franqueza e transparência de suas intenções, acabam angariando muitos amigos e admiradores, o que pode deixá-los um tanto vaidosos. Raramente são odiados.

Aspectos positivos: transmitem sinceridade e franqueza, coragem, decisão, elegância, liderança. Também sabem ser dóceis, amáveis e generosos.

Aspectos negativos: vontade fraca, apatia, egoísmo, dificuldade de perdoar e de dizer "não". Podem ser autoritários, ciumentos, covardes e teimosos.

Florais de Bach: Centaury, Vine, Cherry Plum, Rock Water, Impatiens e Holly.

Florais de Saint Germain: Curculigum, Cocos, Goiaba, Piper, Patiens, Leucantha.

Saúde: doenças relacionadas com o sistema nervoso (tornando sensível o aparelho digestivo) e as articulações (braços, pulsos e mãos). Pontos fracos: cabeça e estômago.

Minerais: rubi, água-marinha, olho de tigre, hematita e pirita.
Metal: ferro.
Elemento: fogo.
Signo regente: áries.
Planeta: Marte.
Erva: espada-de-ogum.
Flor: cravo vermelho.
Chacra: solar.

• Iansã

Atributos: movimento e mudança; necessidade de deslocamento, transformações materiais, avanços tecnológicos e intelectivos; luta contra as injustiças.

Domina os ventos, os raios e as tempestades.

Os tipos psicológicos das filhas de Iansã podem ser irrequietos, por terem muita rapidez de raciocínio e agilidade mental. O psiquismo de Iansã é propenso à educação, à oralidade, à orientação, não se deixando prender a tarefas rotineiras e repetitivas. Precisam colocar em prática sua garra e impetuosidade diante do novo, como as nuvens nos céus que mudam constantemente o formato, moldando-se aos ventos.

Aspectos positivos: coragem, lealdade e franqueza, fluidez de raciocínio, propiciando a higienização mental; mudança de pensamento (jogo de cintura) e facilidade de falar, além de talento artístico, charme e sensualidade.

Aspectos negativos: ciúme doentio, rancor, impulsividade (agem sem pensar), fraqueza, impaciência e culpa.

Florais de Bach: Impatiens, Pine, Centaury, Holly e Walnut.

Florais de Saint Germain: Patiens, Grevílea, Cocos, Varus, Monterey e Embaúba.

Saúde: doenças relativas ao aparelho cardiorrespiratório, como angina, dores no peito, bronquite e asma.

Minerais: granada vermelha, calcita amarela/laranja, jaspe vermelho.

Metal: não tem, pois seu elemento é o ar.

Elemento: ar.

Signo regente: gêmeos.

Planeta: Urano (regente de aquário). Esse planeta promove as mudanças rápidas e drásticas, os rompimentos, a abertura para o novo e o movimento incessante. Na astrologia, Urano é a oitava superior de Mercúrio, isso quer dizer que, em Mercúrio, lidamos com as questões do dia a dia (a tecnologia, as comunicações, os documentos), utilizando a inteligência de forma rápida na busca da solução das situações inesperadas; são os insights, ou seja, o lampejo, a ideia incessante buscando aquilo que ainda não foi realizado ou imaginado. É o chamado de "anarquista", aquele que rompe com os padrões estabelecidos e traz a visão de futuro.

Erva: espada-de-santa-bárbara.

Flor: rosas champanhe, gérbera coral.

Chacra: cardíaco.

• Oxum

Atributos: amor-doação, equilíbrio emocional, concórdia, complacência, fertilidade.

Representa as águas cristalinas das cachoeiras, onde os indivíduos buscam lavar suas mágoas para que possam restabelecer o equilíbrio do coração amoroso e redespertar a autoconfiança e o autoamor. O amor pela vida!

Os tipos psicológicos de Oxum são serenos, gentis, emotivos (choram com facilidade) e altamente intuitivos. Observadores dos sentimentos, usam-nos para alcançar seus objetivos. Em geral são envolventes e amigos. Apesar dessas características de comportamento, por vezes são desconfiados, indecisos e vingativos, sendo astutos para "jogar" com o emocional das pessoas. Preocupam-se com a higiene pessoal, gostam de estar sempre perfumados bem-vestidos. Possuem uma força de penetração na natureza humana fora do comum, são psicólogos natos. Pela alta sensibilidade e apurado sentimento de amor, são exímios na magia e excelentes médiuns e dirigentes.

Aspectos positivos: graciosidade, bondade, julgamento sensato, boas maneiras.

Aspectos negativos: insatisfação, articulação da vingança, pois não esquecem uma traição ou ofensa, agarrando-se às lembranças e recordações do passado.

Florais de Bach: Wild Rose, Honeysuckle, Crab Apple, Vervain, Holly e Olive.

Florais de Saint Germain: Madressilva, Limão, Pepo, Rosa-Rosa, Embaúba e Saint Germain.

Saúde: distúrbios ginecológicos, atingindo o útero, os ovários e as trompas. Podem ter dificuldade para engravidar, mas com tratamento, a fim de normalizar ou recuperar a fertilidade, obtêm sucesso. Há também a possibilidade de depressão, desencadeada por estresse emocional.

Minerais: quartzo rosa, opala rosa, turmalina rosa e rodocrosita.

Metal: ouro.

Elemento: água.

Signos regentes: câncer (pela regência da Lua) e touro e libra (pela regência de Vênus). A maior influência aqui é a planetária.

Planetas: Lua, no que se refere à fecundidade e à gestação, e Vênus, no que se refere à beleza, à satisfação, ao gosto refinado por tudo o que é caro.

Erva: erva-de-santa-maria.

Flor: de cor amarela.

Chacras: frontal e cardíaco.

• Oxóssi

Atributos: é o "caçador de almas", o conselheiro. Corresponde à nossa necessidade de saúde, nutrição, energia vital e equilíbrio
fisiológico, num trabalho constante de crescimento e renovação.
Fartura, riqueza, liberdade de expressão; silêncio e observação são
seus pontos marcantes. Ele representa o equilíbrio do ser!

Os tipos psicológicos são graciosos, inteligentes e têm uma
curiosidade e senso de observação de grande penetração: simbolicamente, é o caçador solitário que entra silencioso na mata. Apresentam um comportamento metódico e são propensos à magia cerimonial. Gostam de ficar sós, são discretos, fiéis e, aparentemente,
reservados e tímidos. Apresentam uma propensão natural para des-
bravar o desconhecido, por isso são pioneiros em novos projetos e
métodos de trabalho. De grande sensibilidade, possuem qualidades
artísticas. Por sua estrutura psíquica emotiva, com certa frequência
precisam isolar-se para refazer suas energias. Gostam de estar na natureza.

Aspectos positivos: rapidez de raciocínio, boa oralidade e comunicação, extrovertidos, generosos, hospitaleiros e amigos. Vivem
com dinamismo e otimismo e são ligados a todos os tipos de artes.
São amáveis com os amigos e sinceros no desejo de ajudar os outros.
Têm facilidade para ganhar dinheiro.

Aspectos negativos: vivem de ilusões, por isso podem vacilar
no que desejam realizar. Por vezes, demonstram uma "vontade de
nada fazer" que pode ter a conotação de preguiça. Gastam todo o
dinheiro que ganham, levando em determinadas ocasiões à falta de
alimento e ao desperdício. Podem tornarem-se agressivos e terem
dificuldade de comunicação.

Florais de Bach: Clematis e Chestnut Bud.

Florais de Saint Germain: Amygdalus, Gerânio, Thea, Alcachofra, Boa Sorte e Abundância.

Saúde: distúrbios emocionais, transtornos neuroquímicos ligados às glândulas suprarrenais e pâncreas. Podem desenvolver câncer nos sistemas digestivo e hepático. Distúrbios no trato geniturinário. Estão presentes nos desequilíbrios mentais e emocionais as fobias, a apatia e os processos esquizofrênicos. Pode haver perda de identidade.

Minerais: lápis-lazúli (lazurita), quartzo verde, amazonita, jade verde e âmbar.

Metal: cobre.

Elemento: ar e terra.

Signos regentes: touro e libra.

Planeta: Vênus.

Ervas: arruda, guiné.

Flor: palma.

Chacra: esplênico.

• Nanã Buruquê

Atributos: calma, benevolência e misericórdia. Nanã é o momento inicial em que a água brota da terra ou da pedra. É a soberana de todas as águas, mas é também a lama, a terra em contato com a água; é o pântano, o lodo, sua principal morada e regência. Ela é a chuva, a tempestade, a garoa. Nanã é a mãe, boa, querida, carinhosa, compreensível e sensível; a senhora da passagem desta vida para a outra, comandando o portal mágico, a passagem das dimensões.

Esse Orixá relembra nossa ancestralidade mística, o momento em que fomos criados espírito. A água foi necessária na Terra para a geração da vida, tendo o barro ou a lama um simbolismo correspondente ao momento em que fomos "feitos" pelo Pai. Assim, Nanã é considerada a Grande Mãe. Ela reconduz os espíritos desencarnados ao mundo espiritual, aconchegando-os em seus braços.

Os tipos psicológicos dos filhos de Nanã podem ser tímidos e, ao mesmo tempo, serenos. Por vezes, são severos nos seus valores morais e austeros na educação da família. Não raro, são rabugentos, o que os fazem ser temidos. Geralmente, não são sensuais e não se ligam às questões da sexualidade. Outras vezes, por medo de serem amados e virem a sofrer, dedicam-se com afinco à profissão, sendo dispostos à ascensão social. Quanto à calma e à lentidão que lhes são peculiares, nos momentos das decisões, acabam gerando conflitos com pessoas ativas e dinâmicas. Em equilíbrio, são pessoas bondosas, simpáticas, bonachonas e dignas de confiança.

Aspectos positivos: sensatez, perseverança, ordem, objetividade, paciência, respeitabilidade e calma. Sem pressa para realização, o tempo não os aflige. São benevolentes, gentis, mansos, como se fossem bons e amorosos avós.

Aspectos negativos: conservadorismo extremado, preguiça, avareza, indiferença, estupidez. Demorados, teimosos e rabugentos, adiam as decisões e podem ser vingativos.

Florais de Bach: Centaury, Hornbeam, Clematis e Willow.

Florais de Saint Germain: Curculigum, Cocos, Bom dia, Perpétua e Abricó.

Saúde: apresentam lentidão nas reações motoras e mentais e são propensos à retenção de líquidos.

Minerais: ametista, tanzanita (zoisita azul) e cacoxenita.

Metal: ouro branco.

Elementos: água e terra.

Signo regente: escorpião, que é regido por Plutão – ligação com as águas paradas e profundas (o mangue), refletindo a expressão "eu calo" do escorpiano, que observa e que é profundo no sentir os ambientes e a psique humana; possuem a capacidade de vivenciar a dor e o sofrimento e renascer mais forte, com maior capacidade de domínio sobre as próprias emoções.

Planeta: Lua, que é o regente de câncer – ligação com as águas; junção da água das chuvas e do solo barrento e pantanoso, demonstrando que precisam trabalhar o passado, libertando e deixando ir embora o que não serve mais.

Ervas: alfazema, lavanda, peregum roxo, manjericão roxo.
Flor: de cor roxa.
Chacra: básico.

• Omulu

Atributos: Orixá da transformação, agente cármico a que todos os seres vivos estão subordinados, rege a "reconstrução de corpos" nos quais os espíritos irão reencarnar, pois todos nós temos o corpo físico de acordo com nossa necessidade de reajustamento evolutivo. Assim, todas as doenças físicas às quais estamos sujeitos são necessárias ao fortalecimento de nossos espíritos. Omulu não causa doença, e sim, ao contrário, a leva embora, a "devolve" para a terra. Corresponde à nossa necessidade de compreensão do carma, da regeneração, da evolução, de transformações e transmutações existenciais. Representa o desconhecido e a morte, a terra para onde voltam todos os corpos e que não guarda apenas os componentes vitais, mas também o segredo do ciclo de nascimento e desencarne.

É o Orixá da misericórdia, está presente nos leitos dos hospitais e nos ambulatórios. A sua invocação, nos momentos dolorosos das enfermidades, pode significar a cura, o alívio e a recuperação da saúde, de acordo com o merecimento e em conformidade com a Lei Divina.

Os tipos psicológicos dos filhos de Omulu podem ser fechados, amuados, sem jeito no trato social e apagados na conquista amorosa, tendendo ao pessimismo, com ideias autodestrutivas que os prejudicam no dia a dia. São um tanto solitários e melancólicos, podendo ser amargos com as pessoas. Por outro lado, para auxiliar alguém doente, são determinados, resistentes e capazes de enormes esforços. Podem reprimir suas ambições pessoais, adotando uma vida de humildade, de pobreza voluntária e até de certa flagelação psíquica. São lentos, todavia de grande perseverança, sendo firmes como uma pedra quando querem algo. Assim, perdem a espontaneidade e a flexibilidade para adaptarem-se aos imprevistos do caminho, tornando-se rígidos e resistentes às mudanças. Quando ofendidos, podem se tornar cruéis e impiedosos. São protegidos contra qualquer tipo de magia.

Aspectos positivos: os filhos de Omulu chegam a ser "esquisitos", com seu temperamento controlado, saindo-se bem nos estudos e nas pesquisas, principalmente na medicina. Anulam-se, muitas vezes, para proporcionar bem-estar a terceiros, fazendo disso sua maior motivação na vida. São amigos dedicados, exímios curadores, altruístas e têm uma sensibilidade mediúnica apurada que pode ajudar a entender as dores. Estão presentes em nossa vida, prestando-nos auxílio quando sentimos dores, agonia, aflição e ansiedade.

Aspectos negativos: esquisitice, vaidade exagerada, maldade, morbidez, indolência e mau humor. São desconfiados e rígidos, depressivos, melancólicos e ciumentos. Às vezes magoam por insistir em só enxergar os defeitos alheios.

Florais de Bach: Walnut, Chicory, Mimulus, Willow, Mustard, Gorse e Crab Apple.

Florais de Saint Germain: Abricó, São Miguel, Allium, Saint Germain, Anis, Mangífera e Flor Branca.

Saúde: podem apresentar uma lentidão nas reações motoras e mentais, dificuldade na fala, retenção de líquidos e doenças de pele.

Minerais: turmalina preta, obsidiana, ônix preto.

Metal: chumbo.

Elemento: terra.

Signo regente: escorpião (regência de Plutão) – libertação do velho para que o novo se estabeleça.

Planeta: Saturno – influencia na saúde (pele, ossos, dentes, cabelos e tudo o que é limite do corpo físico) e na conscientização do resgate do carma individual, trabalhando o perdão para que nos liberemos dos impasses pretéritos.

Ervas: barba-de-pau, canela-de-velha, cedro e cedrinho.

Chacra: básico.

Os florais

Que possamos ter sempre no coração a gratidão pelo Criador, que, em toda a Sua Glória, colocou as ervas nos campos para a nossa cura.

(Dr. Edward Bach).

As flores estão presentes nos principais momentos de nossas vidas: nos nascimentos, nos aniversários, nas formaturas e nos casamentos, assim como nas despedidas e nos funerais. Costumamos ofertar flores aos santos, nos altares das igrejas, e incluí-las nas oferendas aos Orixás.

Os florais descobertos pelo médico inglês Edward Bach são essências extraídas das flores e atuam, preventivamente, nas nossas emoções, para que mais tarde não se instale a doença em nosso corpo físico. Ao contrário do que se pensa, não são considerados remédios, e sim compostos eletromagnéticos que funcionam como alimento da alma. Portanto, são muito eficazes no tratamento de depressão, baixa autoestima, ansiedade, medos, traumas, crises de pânico, doenças mentais etc., trabalhando a personalidade ou um momento específico de vida do indivíduo.

Além disso, são muito eficazes em processos de mudança, como na adolescência, na gravidez, na menopausa, nas auto-obsessões (ideias fixas), ou mesmo nas doenças consideradas físicas, visto que estas têm início no campo mental/emocional do ser humano em desequilíbrio, quando atrai para si pensamentos negativos de raiva, ressentimento, mágoa, rancor, vingança, em situações mal-resolvidas, e geram cristalizações mentais que dão origem às enfermidades. É como se diz popularmente: "Aquilo que o cérebro não compreende, o estômago não digere", ou seja, a falta de compreensão, gratidão e perdão cria no corpo físico a doença.

Partindo da máxima "Conhece-te a ti mesmo", somos levados a meditar sobre o despertar do "curador" que existe dentro de nós, visto que possuímos uma verdadeira farmácia interior. Essa capacidade de autocura precisa ser despertada, pois, na verdade, ninguém cura ninguém, ou seja, só se cura quem deseja realmente ser curado. O Mestre Jesus disse: "A tua fé te curou!" Isso quer dizer que Ele só ministrou a cura naqueles que realmente estavam prontos internamente para mudar.

As essências florais contribuem justamente para essa autodescoberta, funcionando como um terapeuta que respeita o ritmo interno de cada um e faz aflorar para o consciente, amorosamente, o que precisa ser transformado, libertado e perdoado no indivíduo, de forma integral, ou seja, atuando em seus corpos físico, etéreo, emocional e mental.

Se o paciente tem consciência do processo, a atuação dos florais é mais rápida, pois ele participa da terapia como parte integrante e, consequentemente, a resposta ilumina todo seu ser. No entanto, quando faz uso do floral e não tem consciência ainda, a luz continua interagindo, mas a resposta levará mais tempo para ser percebida ou acontecerá de outras formas.

É importante saber que "o floral dispara o desabrochar do ser", por isso os utilizamos na Umbanda para harmonizar e instigar o consulente a participar do seu desenvolvimento evolutivo, conhecendo-se melhor, sendo responsável pelos seus atos, uma vez que ele vem ao "terreiro" por vontade própria, em busca de ajuda. O plano espiritual auxilia, respeitando o merecimento de cada um, sem violar o livre-arbítrio, mas o consulente precisa fazer a parte que lhe cabe, mudando seus pensamentos e atitudes, e não apenas pedindo troca de favores, o que certamente não encontrará na Umbanda.

O caminho que cada indivíduo deve percorrer é solitário, pois é o caminho da via interna. Faz-se necessário buscar dentro de si sua ligação com o Divino, visto que todos somos filhos de Deus e a Ele voltaremos. Jesus deixou dito: "Conhece a verdade e ela vos libertará". Essa é a verdade que nos faz deixar de sofrer, de que somos filhos de Deus, portanto, espíritos imortais, que continuaremos nossa escala evolutiva pelos planos da Morada da Casa do Pai. Momentaneamente, estamos neste Planeta Terra, com um propósito de vida, mas em determinado momento o deixaremos para darmos continuidade à roda sucessiva das reencarnações, até que a essência do Divino desperte em nós o "Amor Crístico" e possamos alcançar esferas superiores de luz!

No que se refere ao auxílio na personalidade humana, os florais atuam como equilibradores tanto nos excessos da energia dos Orixás como na escassez. Exemplo: um indivíduo com excesso de energia da vibração de Xangô será intolerante e pode desejar fazer justiça com as próprias mãos. No caso de escassez da energia ligada à vibração de Ogum, o indivíduo não assume as rédeas da própria vida e possui uma vontade fraca. Na falta de Oxum, a pessoa vive no passado, com saudade do que aconteceu, não se doa, não se entrega para a vida e se torna ressentida. O correto, portanto, é vibrar nas sete linhas, nos sete Orixás, visto que cada um deles nos direciona a uma determinada vibração que nos fortalece no amor, no entendimento, na humildade, na sabedoria, na justiça, no respeito etc.

O uso do floral adequado equilibra todas essas carências, atuando juntamente com os banhos e preceitos orientados pelo regente umbandista. No entanto, é preciso principalmente nos conscientizarmos do papel de cada um de nós, pois a vida é uma só, dividida em várias existências, e somos hoje o reflexo de nossos atos de ontem.

Os florais e sua afinidade com os Orixás

Como os florais podem ser ministrados para trabalhar a personalidade das criaturas, ou um momento específico de dificuldade em suas vidas, veremos a seguir o que ocorre quando são utilizados como terapia complementar nos indivíduos ligados às suas vibrações.

Oxalá: serão trabalhados a paciência e o autoamor, em primeiro lugar, para que possam estender essas virtudes ao próximo, além de procurar valorizar as amizades e manifestar sempre a gratidão. Assim, estarão sempre ligados à espiritualidade.

Ogum: serão trabalhados a vontade de vencer a si mesmos e o poder da fé, para que os caminhos estejam sempre abertos. O caminho e o caminhante estão representados aqui. Não existe caminho se não houver o caminhante...

Xangô: a ênfase será para a justiça do coração, que vibra dentro da Lei de Causa e Efeito, respeitando a Criação Divina (equilíbrio cármico).

Oxóssi: a terapia trará equilíbrio quanto à prosperidade e ao respeito pelo ser espiritual que todos somos. A saúde, a nutrição e o equilíbrio fisiológico dos indivíduos sob essa frequência vibratória estarão garantidos. Auxilia a fazer o *religare* com Deus! Por meio do amor pela Natureza e pelas artes, louva e reverencia a Criação Divina! A paz interior! A serenidade, a fé e a gratidão estão presentes na vibração de Oxóssi!

Iemanjá: despertará a Grande Mãe interior; o querer bem ao semelhante estará em perfeito equilíbrio, prevalecendo o sentido de união, zelo e progresso. Representa o amor que liberta, que é incondicional!

Oxum: o sentimento de doação, sem esperar retribuição, o desejo de servir, o equilíbrio emocional, bem como a fertilidade e o bom gosto serão abundantes.

Iansã: não faltarão vontade e ação para as mudanças materiais; a higienização dos pensamentos, despertando a compreensão, a coragem, a lealdade e a franqueza, em perfeito equilíbrio. O raciocínio rápido, a comunicação e, consequentemente, um certo charme estarão restabelecidos com o tratamento.

Omulu e Nanã: a compreensão do carma, libertando o velho para dar lugar ao novo, a calma, a misericórdia, a generosidade são virtudes renovadas quando os florais atuam em afinidade com essa vibratória.

Os florais na técnica da Apometria

Os florais são indicados ainda nos casos de magia, especialmente os de Saint Germain – em nossa opinião, o sistema mais afim com a etnia e a formação do povo brasileiro. Não por acaso, esse sistema foi canalizado no Brasil. É comum as pessoas dizerem, ao chegar no terreiro, que suas vidas viraram "de cabeça para baixo" de uma hora para outra, o que muitas vezes se origina de ritos magísticos pagos por desafetos, levando-os aos seguintes transtornos: rombos de aura, doenças terminais, traumas, fobias, doenças mentais, depressões, complexos de culpa, pensamentos ruminantes e auto-obsessivos, mágoas e ressentimentos que bloqueiam o andamento da vida. O tempo de uso do floral varia de pessoa para pessoa; a demanda é do próprio indivíduo, e a absorção e capacidade de processar a mudança psíquica também, pois cada um terá de lidar com sua própria situação.

Ressaltamos que a terapia floral faz parte de um tratamento, mas não isenta o paciente de tratar-se com a medicina convencional nem de seguir os preceitos tradicionais da Umbanda. Portanto, passes, banhos de descarga, água fluidificada, evangelho no lar, orações, leituras e palestras fazem parte de um processo que contribui para o autoconhecimento, pois conforme disse Jesus: "No mundo passais por aflições, mas tende bom ânimo, pois Eu venci o mundo".

Essas palavras do Evangelho de Jesus fornecem a chave para o tratamento com o Mimulus, o floral do medo, que é a base para o tratamento com florais. "O medo, por seu efeito depressivo sobre nossa mente, causa desarmonia entre os corpos físico e magnético, preparando a invasão de agentes nocivos ao nosso organismo, que levam às doenças", afirmava dr. Bach.

Os cristais

Os cristais e as pedras preciosas possuem propriedades preventivas, reguladoras, protetoras e curativas, tendo a capacidade de atuarem em nossas vidas de várias formas. Possuem uma essência limpa e sutil de intensa luminosidade que penetra em nossos chacras e em nossas terminações nervosas pela espinha dorsal energética. Por serem pura energia, atuam sob forma de ondas de frequência eletromagnéticas, que energizam, harmonizam, limpam e elevam o espírito, porque atuam no nível dos nossos corpos energéticos e sutis.

Tendo cada um deles uma frequência específica, emitem uma nota musical singular. Seu crescimento acontece de forma simétrica em torno de um eixo, portanto, são regulares e mostram em seu exterior o equilíbrio e a ordem interna, dos quais são dotados.

À medida que vamos nos familiarizando com os cristais, estudando suas origens e propriedades, vamos abrindo espaço de forma receptiva à sua atuação sutil e, dessa forma, percebendo a nível físico sua benéfica e salutar atuação. Também são chamados de "terapeutas energéticos", auxiliando-nos a recobrar o equilíbrio e a harmonia perdidos, nas atribulações das rotinas diárias e na falta de percepção de si mesmo.

Podem ser usados de diversas formas, como, por exemplo, sob forma de elixires (cristais rolados colocados em uma jarra com água mineral) e próximos do corpo em forma de pulseiras, pingentes, colares e anéis.

Os cristais em formas roladas podem ser colocados próximos do corpo onde há enfermidades; seu uso pode ser de vários cristais combinados ou simplesmente colocados sobre os chacras de acordo com a indicação de cada um. Pequenos cristais rolados podem ser usados embaixo do travesseiro, para os indivíduos que possuem a mente agitada ou estão com processos de insônia e estresse mental. Nesses casos, podem ser utilizados: sodalita, howlita branca e ágata blue lace.

As drusas de cristais são indicadas para harmonizar o ambiente, sob a mesa de trabalho, no quarto, na sala de estar etc. Seu uso também é indicado no espaço dedicado à meditação e aos estudos.

Geralmente, são os cristais que nos escolhem, muito embora, às vezes, eles chegam até nós pela primeira vez em forma de presente. Eles nos escolhem porque estão na frequência vibratória que estamos necessitando trabalhar intimamente. Depois que entramos em contato com nosso primeiro cristal, outros vêm lhe fazer companhia. É a intuição, pura e simples, que serve de guia neste mundo mineral.

Para compreendermos melhor, é importante entender que intuição é o poder da mente para vislumbrar certas verdades autoevidentes. Significa ouvir a voz do coração. É um poder pouco utilizado, uma vez que no Ocidente há uma exaltação da racionalidade que gera um amortecimento desse dom divino. Em seu sentido original, "a intuição nos une à divindade".

Necessitamos compreender que os "Caminhos do Senhor" em nosso cérebro são: intuição, amor e entendimento. Albert Einstein afirmou: "[...] não existe um caminho lógico para o descobrimento dessas leis elementares. Existe, unicamente, a via da *intuição*, ajudada por um sentido para a ordem que jaz atrás das aparências [...]".

Portanto, use seu cristal ou sua pedra preciosa com equilíbrio e moderação. Lembre-se que os cristais não têm a capacidade de mudar ninguém, mas acontece a própria mudança interior quando se entra em contato com sua energia, porque eles organizam, energizam, equilibram, limpam e curam. Seus benefícios são amplos e múltiplos, mas requerem de nós entendimento do momento pelo qual estamos atravessando e qual o propósito a ser alcançado a partir de então, no âmbito do autoconhecimento.

A fé procura, e o intelecto encontra
(De Trinitrate, XV, ii, 2-3).

Os cristais e suas afinidades com os Orixás

Observando a influência dos Orixás em nossa personalidade, procuramos identificar, por analogia, a energia curativa de alguns cristais em sua frequência vibratória com o ponto de atuação do Orixá correspondente.

- **Oxalá: amor incondicional**
Minerais: cristal de quartzo; diamante e howlita.

Cristal de quartzo
Componente químico: dióxido de silício. É o curador! Traz clareza mental! Ajuda a quem o usa a pensar de forma intuitiva. Trabalha todos os Chacras. Irradiador dos 7 raios. Alimenta todos os Orixás pela fé. Representa a luz divina em si. Desbloqueia os centros energéticos, redistribuindo a energia pelo corpo. Remove formas-pensamento negativas. Auxilia a pessoa a ter foco e direção de vida a seguir, baseado no chamado da alma. É uma pedra de luz que proporciona uma percepção espiritual elevada. Fortalece a saúde de modo geral, tem efeito no estômago; aumenta a absorção de aminoácidos e proteínas. É coadjuvante nos tratamentos de úlcera abdominal e da leucemia (pode ser usado também em forma de elixir).

Diamante
Componente químico: carbono puro. Transporta altas frequências de energia que estimulam e abrem todos os chacras, em especial o da coroa. Fortalece a pessoa em situações de alta pressão. Encoraja a buscar a luz interior e a irradiar essa luz para fora, iluminando a densidade. Promove a verdade, a visão e o alinhamento com a mente superior. Purifica o campo de energia. Bom para pessoas ansiosas, inseguras ou com baixa autoestima.

Howlita

Componente químico: sílico borato hidratado de cálcio. Pedra de efeito calmante e vibração suave. Estimula a apreciação da beleza, da inspiração, da criatividade e da expressão artística. Ensina a paciência e ajuda a expurgar a raiva, a tensão interna. Favorece o sono e a meditação. Ajuda a estabelecer metas e a alcançá-las. Liga a dimensões espirituais superiores; auxilia o corpo físico na absorção de cálcio. Atua como excelente antídoto para a insônia, principalmente para a mente hiperativa.

• Iemanjá: respeito e amor
Minerais: água-marinha, pedra da lua e abalone.

Água-marinha

Componente químico: silicato mineral de alumínio e berílio. Limpeza de toxinas. Auxilia na comunicação. Aguça a intuição e permite uma melhor compreensão das nossas emoções. Acentua as qualidades femininas. Atua nas alergias e dificuldades de respiração. Aquieta o sistema nervoso. Pedra da libertação. Purifica o corpo emocional. Harmoniza e estabiliza os ambientes tumultuados; clareia a percepção e facilita o entendimento. Fortalece os órgãos purificadores, como estômago, fígado, rins, baço, tireoide. Indicada nos casos de hepatite, inflamação da garganta e sinusite. É calmante para eczema, urticária, rosácea e psoríase. Ajuda as pessoas que estão perdidas em suas responsabilidades a "pôr ordem na casa". Desenvolve a paciência e a perseverança.

Pedra da lua

Componente químico: é um mineral feldspato, um silicato de alumínio e potássio. Conhecida como a "gema da Alta Sacerdotisa", guardiã dos mistérios femininos. Está associada ao feminino por sua habilidade em melhorar o lado intuitivo da mente. Percepção psíquica e intuição. Evoca a paciência e a ação adequadas. Equilíbrio das emoções. Facilita a abertura para os assuntos espirituais, e a frequência dessa pedra encoraja-nos a prestar atenção nos ciclos de nossas vidas. Estimula a glândula pineal e todos seus processos, ajuda a equilibrar as glândulas endócrinas e equilibra a retenção de água.

Abalone

Concha orgânica. Conhecida como dádiva do mar, traz fertilidade ao corpo e à mente. Está associada à cura, à serenidade e à calma. Purificação. Benéfica na formação e na proteção do tecido muscular, inclusive o músculo cardíaco, e favorece o sistema imunológico. Ajuda na assimilação de proteínas e caroteno. Criatividade, beleza e nutrição.

• Xangô: sabedoria e prudência

Minerais: jaspe marrom, jaspe vermelho, ágata de fogo, quartzo citrino e pedra do sol.

Jaspe marrom e jaspe vermelho

Componente químico: dióxido de silício. O jaspe é conhecido como a suprema pedra nutriz. Estimula a honestidade. Inspira coragem para lidar com os problemas de forma mais assertiva. Transforma ideias em ação. Usada na cura, unifica todos os aspectos da vida. Traz esperança, renovação, revigoramento e energia. Fortalece o sistema imunológico e limpa a pele. Aterra a energia e retifica questões de injustiça. Dissolve bloqueios no fígado.

Ágata de fogo

Componente químico: dióxido de silício. A ágata é uma forma de calcedônia. Favorece o amor, a abundância, longevidade, harmonia, proteção e confiança. Induz ao relaxamento. Estimula a vitalidade. Constrói um escudo protetor ao redor do corpo. Dispersa o medo e traz conforto e segurança. Traz entusiasmo pela vida. É energizante para a alma e para o organismo. Abre os canais da criatividade.

Quartzo citrino

Componente químico: dióxido mineral de silício – grupo do quartzo. Por ser do elemento fogo, o citrino aumenta a clareza de pensamento, capacita a pessoa a abrir-se completamente para as energias da vontade divina e o caminho do amor. O caminho do amor e o da alegria abrem-se para o poder da vontade divina, porque esse cristal é carregado com a energia do sol. É extremamente benéfico. Traz abundância em todos os sentidos. Resolve situações para o bem maior. Excelente no combate da depressão e das tendências destrutivas. Desintoxica o sangue, ativa o timo e equilibra a tireoide (qualidade de Xangô Airá/Xangô com Oxalá).

Pedra do sol

Componente químico: sódio, cálcio, alumínio, sílica com ferro, enxofre, cromo e traços de selênio. Faz parte do elemento fogo e tem a frequência do raio solar, representando a liderança iluminada e a habilidade para utilizar o conhecimento e sabedoria do bem maior de todos. Aquece e estimula o corpo emocional. Eleva as vibrações dos padrões emocionais. Pedra de meditação, força e luz. No físico, aquece o corpo, estimulando o metabolismo, a digestão e vitalidade. A pedra do sol é o yang que equilibra o yin da pedra da lua, por isso, quando usadas juntas, trabalham em bela harmonia (qualidade de Xangô Agodô/Xangô das águas).

Obs.: A labradorita (componente químico: silicato de alumínio, cálcio e sódio) (pedra de todos os Orixás) combina excepcionalmente bem com ambas as pedras, trazendo a qualidade da magia e manifestação do outro lado do véu – realização do propósito mais elevado da vida da pessoa. No aspecto físico, ela fortalece o sistema imunológico; atenua problemas circulatórios, pressão baixa e doenças reumáticas. Por possuir alto teor de cálcio, é coadjuvante no tratamento de doenças dos ossos. Usada no ambiente do trabalho e também no lar, a labradorita traz maior harmonia e proteção, devido a sua alta frequência vibratória no espectro das sete cores, que são cintilantes.

• Ogum: vontade e vitória
Minerais: Olho de tigre, hematita, pirita.

Olho de tigre
Componente químico: dióxido de silício. Equilíbrio entre extremos. Vitalidade, praticidade e ação física. Energiza o corpo para que cumpra os imperativos da vontade. Quando é necessário perseverar por longo tempo, esforço duro e dificuldades intrincadas, usar ou carregar um olho de tigre pode emprestar a pessoa vigor para superar a fadiga e o desencorajamento. É uma pedra de clareza mental. Ativa e aguça o intelecto, afiando a espada da lógica. Auxilia a fazer escolhas baseadas no discernimento. Ajuda a pessoa a ver os dois lados em discordância. Proteção. É um fortificante do sangue, sustentando a vitalidade geral; fortalece o sistema endócrino. Era muito usado pelos índios norte-americanos como símbolo de proteção.

Hematita
Componente químico: óxido de ferro. Aumenta a força de vontade, a confiança e a segurança. Estimula a concentração e o foco. É a mais eficiente de todas as pedras para aterrar a pessoa no corpo e no mundo físico. Ensina sobre a resolução das polaridades, o equilíbrio dos opostos e a manifestação da luz. Protege contra baixas de energia e de autoestima. Muito útil quando se precisa enxergar uma situação com clareza e realidade. O ferro desse mineral tem um poderoso efeito sobre o sistema sanguíneo. É excelente para manutenção energética de recuperação de qualquer enfermidade do sangue e da produção sanguínea na medula óssea. Pode trabalhar

para fortalecer o fígado e auxiliar nos processos de desintoxicação. Trata as cãibras nas pernas, a ansiedade e a insônia.

Pirita

Componente químico: sulfeto de ferro. Vitalidade, força de vontade, confiança e criatividade. Auxilia a pessoa a superar o medo e a ansiedade e a estabelecer uma atitude "posso fazer" sobre qualquer coisa que decida tentar. Estimula a pessoa a agir com assertividade. Melhora o poder da vontade, auxiliando a pessoa na superação de maus hábitos e criando novos padrões de saúde e energia positiva. Seu componente de enxofre ajuda a purificar o corpo de infecções e estimula a função endócrina adequada. O componente ferro foca o poder da pirita no sangue e nos tecidos, combate doenças de pele, infecções por fungos e invasão celular por vírus. Ela é muito positiva. Combate a inércia e os sentimentos de inadequação. Auxilia na criatividade, é calorosa e estimulante.

• Iansã: movimento e mudança

Minerais: granada vermelha, calcita amarela/laranja e jaspe vermelho.

Granada vermelha

Componente químico: silicato de alumínio e magnésio. Gera pensamentos positivos, inspiração e energia. Ajuda na limpeza do campo áurico da pessoa, removendo elementos desarmoniosos que podem, inconscientemente, repelir os que, em vez disso, serão atraídos pelo ótimo padrão de energia da pessoa. Enfatiza a criatividade e melhora o carisma. Por ser uma granada, ela arrasta as realidades potenciais à manifestação, portanto deve ser usada com cuidado porque aumenta a velocidade com que a intenção da pessoa adquire forma física. Ela movimenta as coisas, traz uma sensação de satisfação e alegria. Encoraja a pessoa a ir em busca de seus sonhos. Fortalece a saúde em geral. Proporciona a purificação do sangue e a ativação da circulação sanguínea. Auxilia nos processos de anemia e nos tratamentos de cólicas menstruais. Ajuda a superar a depressão, letargia ou inatividade. Higieniza os pensamentos e auxilia na criatividade. Habilidade para trazer ideias e conceitos à luz. Encoraja os empreendimentos criativos, a paixão física e a energia sexual. Manifestação, criação, concepção e nascimento. Otimismo e confiança.

Calcita laranja
Componente químico: carbonato de cálcio mineral. Criatividade, sexualidade e jovialidade. Confiança e inovação. Ajuda a eliminar os medos. Pessoas que estão quase "chegando lá" no seu objetivo, mas que no fundo têm medo de serem bem-sucedidas porque acham que não vão dar conta das novas responsabilidades. Fortalece a memória e a concentração. Transporta energia solar. Encoraja em novos empreendimentos e ajuda a quebrar padrões desgastados. É excelente na recuperação da saúde e da vitalidade. Ajuda a superar a depressão, letargia ou inatividade. Higieniza os pensamentos e auxilia na criatividade.

Jaspe vermelho
Veja: Orixá Xangô.

• Oxum : amor-doação
Minerais: quartzo rosa, opala rosa e rodocrosita.

Quartzo rosa
Componente químico: dióxido de silício. É a pedra da quintessência do amor – amor por si, seu parceiro de vida, crianças, família, amigos, comunidade, a Terra, o Universo e o Divino. Curar o coração de suas mágoas e redespertar a confiança. Suas vibrações calmantes são um bálsamo para as emoções, e elas acalmam e limpam todo o campo áurico. Pode ser usada para meditar, carregar consigo e para manter no ambiente. É calmante para a mente, auxiliando a

pessoa a eliminar preocupações, medo, ansiedade e traumas emocionais passados. Amor pela vida! O quartzo rosa é uma das pedras mais humildes e de elevada frequência vibratória, que se volta ao coração para o amor e banha o corpo, a mente e o espírito nessa frequência amorosa e iluminadora. Compreensão e compaixão. Pedra estabilizadora suave para usar para traumas e desequilíbrios no coração físico. As leves, porém penetrantes, vibrações do quartzo rosa dispõem, favoravelmente, o coração para a chegada do amor, sem inquietações, pois têm efeito calmante. Os órgãos de reprodução podem tornar-se mais sadios. Aumenta a fertilidade.

Opala rosa

Componente químico: dióxido de silício hidratado. Grupo do quartzo. A opala é uma pedra muito delicada, com vibração muito sutil. Trabalha as emoções, pois reflete o corpo emocional. Representa o movimento, a expressão e a criatividade. Auxilia a entrar em contato com nosso "eu verdadeiro" e a expressá-lo. É uma pedra que absorve e reflete a energia. Acentua os traços de personalidade e traz à superfície essas características para que possam ser transformadas, porque estimula o senso do próprio valor. Propicia lucidez e espontaneidade. É uma pedra excelente para a cura emocional, em especial das emoções ligadas à dor mantida no subconsciente. As opalas são, em geral, associadas com vidas passadas e o mundo dos sonhos, e esses são os lugares onde as antigas mágoas podem vir à tona. Ela limpa, portanto, proporciona paz e alívio para o coração, permitindo que o estresse, a mágoa e as tensões sejam descartados. Auxilia as pessoas que têm medo, preocupações ou ansiedades excessivas. Ela estimula os pulmões e a utilização do oxigênio pelo corpo. Também acalma o coração.

Rodocrosita

Componente químico: carbonato de manganês. Cura emocional! Recuperação de memórias perdidas e dons esquecidos.

Compaixão. A cor rosa é a expressão do amor, e a rodocrosita dirige o amor primeiro em direção ao eu, especialmente para o objetivo de cura emocional. Ela auxilia a fazer o trabalho de recuperação, alívio e liberação de memória das mágoas emocionais. Ela forma uma ponte entre os chacras inferiores do elemento fogo e os chacras superiores do elemento água. Assim, ela tem a capacidade de esfriar o calor emocional e fornecer *insight* em questões do coração e da vontade. Aliada principal na cura da criança interior. Encoraja a pessoa a agir com base no conhecimento de seu coração sem medo. Auxilia na expressão do amor e do afeto e na busca da realização dos sonhos. Ideal para os desequilíbrios do sistema nervoso. Ótima aliada para abandonar a cafeína e outros estimulantes. A compaixão por si mesmo e pelos outros favorece a cura de mágoas passadas e proporciona alegria de ser.

• Oxóssi: o caçador de almas

Minerais – pedras verdes: quartzo verde, amazonita, jade verde, turmalina verde, peridoto (olivina) e âmbar.

Quartzo verde

Componente químico: dióxido de silício. Fortalece a saúde em geral. Serve ao propósito de cura em todos os sentidos, equilíbrio. Ele auxilia na descoberta de fontes de abundância e prosperidade latentes no interior da pessoa e a expressá-las na vida. Estimula vitalidade de vida e de viver, a honrar a quem se é a partir do coração. Restabelece as energias do corpo, tonificante sanguíneo, auxilia na circulação. Equilibra o físico, o mental e o emocional. Traz estabilidade – manter os pés no chão. Estimula a criatividade. Usado com quartzo rosa harmoniza o chacra cardíaco e abre novos caminhos para o coração, curando velhas mágoas. Transmuta a energia negativa, inspira a criatividade e equilibra o sistema endócrino.

Amazonita

Componente químico: silicato de alumínio e potássio. Verdade, comunicação e harmonia. É uma pedra da harmonia, tanto no interior do ser quanto entre as pessoas. Ela desperta a compaixão, pela estimulação do chacra do coração. Amplifica nossas intenções e, por trabalhar pelo chacra da garganta, essas intenções devem ser faladas em voz alta. A amazonita ensina-nos a falar a verdade e a fazer acontecer o que falamos. Encoraja a honestidade, a integridade de expressão e a abertura, ao mesmo tempo em que aprendemos a confiar e a libertar-nos dos preconceitos. Regula e amplia o poder do pensamento. Ela auxilia na cura física de muitas doenças. É útil na regeneração celular e cura após traumas e ferimentos. É excelente contra gota e artrite. Auxilia a equilibrar a tireoide e a glândula suprarrenal, principalmente quando essas glândulas estão sobrecarregadas por estresse excessivo e repressão. Ela tranquiliza o cérebro e o sistema nervoso, além de alinhar o corpo físico com o corpo etéreo, mantendo uma saúde perfeita. Filtra as informações que passam pelo cérebro e as combina bem com a intuição. Suaviza os traumas emocionais. Aliviando a preocupação e o medo. Ajuda na manifestação do amor universal.

Jade verde

O nome "jade" é compartilhado por dois minerais distintos – a nefrita, que é um silicato de cálcio e magnésio, e a jadeíta, que é um silicato de sódio e alumínio.

O jade traz saúde, cura e proteção! O jade verde é uma pedra com um coração de cura e uma pedra para a cura do coração. Sua cor é o verde puro do chacra do coração; suas energias são tão fortes e constantes que propiciam bem-estar e equilíbrio quase que imediatamente após tocá-lo. É uma pedra clássica da abundância. Traz a energia da terra, da realização, promovendo a harmonia nos negócios e nos relacionamentos. Auxilia a pessoa a aprender a ter prazer na vida física. Ajuda a compreender que o sacrifício é uma ilusão e que não existe nem ganho nem perda para o espírito. De forma objetiva, ajuda a curar a mentalidade da escassez, da dificuldade, do medo da pobreza e da avareza, ou seja, dos sintomas da crença no dinheiro como medida de valor. Ajuda a pessoa a libertar-se de pensamentos e de energias negativas, pois acalma a mente e faz com que as tarefas cotidianas pareçam mais fáceis. Traz equilíbrio entre as energias yin/feminino e yang/masculino. Estimula o fluxo de energia por todo o corpo físico. O jade nefrita verde é um poderoso terapeuta do coração físico. A jadeíta verde oferece apoio para a desintoxicação e regeneração dos tecidos após trauma ou cirurgia. O jade trata os rins e as glândulas suprarrenais, elimina toxinas. Atua sobre o baço.

Turmalina verde

Componente químico: boros silicato de alumínio. Cura, força, vitalidade e bem-estar. Essa é uma das principais pedras que promovem a autocura. Ela favorece maior habilidade na comunicação; desenvolve sentimentos de compaixão e amorosidade. Aumenta a criatividade. Centra as energias do chacra do coração e está mais ligada às vibrações da vida física. Ajuda a acalmar o sistema nervoso e as emoções e facilita o fluxo apropriado de energia de cura pelo corpo. Favorece o sono e aquieta a mente. Muito útil para combater o medo de mudança ou a regulação excessiva da vida e dos hábitos. Trata os olhos, o coração, o timo, o cérebro e o sistema imunológico. Desintoxicante eficaz, também pode reduzir a claustrofobia e os as crises de pânico. Ameniza o cansaço físico e alivia a tensão muscular. É ideal para canalizar os poderes curativos da natureza, porque sintoniza a pessoa com as energias da terra na medida em que abre o coração e estimula a ligação com o amor divino.

Peridoto (olivina)

Componente químico: silicato de ferro e magnésio. Incremento, prosperidade, calor, bem-estar. É um poderoso purificador! Sua vibração traz uma sensação interna de calor e bem-estar, como a do sol em um dia de primavera. Ajuda a ativar os 3º e 4º chacras, criando uma integração entre amor e vontade. Auxilia a ter coragem para agir a partir dos desejos do coração e a ser generoso com os outros, mesmo quando buscamos nossos destinos individuais. Favorece a liberdade pessoal, diminuindo a depressão e promovendo maior receptividade aos assuntos espirituais. É uma pedra de abundância espiritual e financeira e pode ajudar na atração e criação de nossas visões interiores mais significativas. Restabelece um sentido de valor próprio; aquieta os medos do espírito, permitindo que a pessoa siga em frente em seu caminho evolutivo. É um gerador poderoso da frequência do incremento, podendo ser o incremento da saúde, da riqueza, da alegria e do bem-estar emocional. Permite que se expanda suavemente a habilidade de receber do Universo, aceitando seu direito de nascença a uma abundância completa em todos os níveis de vida. No físico, pode ser usado para aliviar o peso no coração e todos os tipos de desequilíbrio relacionados ao coração. Tem efeito tônico. Cura e regenera os tecidos. Ajuda a fortalecer o sangue e pode ser usado para combater a anemia e a oxigenação pobre. É uma pedra excelente para ser usada na recuperação de vício em tabaco e inalantes. Gratidão pela abundância e prosperidade que o Universo oferece. Inspira cura, renovação, purificação, renascimento e crescimento.

Âmbar (sucinita)

Componente químico: resina fóssil de pinheiro cristalizada. Uma mistura de hidrocarbonos. É muito comum encontrar em seu interior insetos, sementes e outros resíduos de natureza pré-histórica. A grande magia do âmbar reside na sua enorme antiguidade. Quando lembramos que as árvores, cuja seiva se formou o âmbar, foram organismos vivos há aproximadamente 50 milhões de anos, não podemos deixar de pensar como somos efêmeros. É uma pedra curativa, de assentamento, em harmonia com as energias da terra.

Emite vibrações lentas e suaves, reagrupando as energias dispersas, trazendo foco e equilíbrio aos corpos sutis. É um poderoso agente de cura e purificador que absorve a indisposição do corpo e promove a revitalização dos tecidos. Também purifica os ambientes e os chacras. O âmbar nos traz calor, suas energias são muito solares e tem a qualidade de criar uma sensação confortável de calor, saúde e bem-estar. Ele integra as energias de luz no corpo físico e é um apoio excelente para a cura energética. Ajuda as pessoas que se tornam depressivas no inverno por causa da privação da luz. Alivia o estresse. Na forma de elixir e para curar feridas, é um excelente antibiótico natural. Trata o estômago, o baço e os rins. Inspira tranquilidade e aumenta a confiança.

- **Nanã Buruquê: calma e misericórdia**
Minerais: ametista, tanzanita, cacoxenita e rosa do deserto.

Ametista

Componente químico: dióxido de silício – grupo dos quartzos. Proteção, purificação e ligação divina. A tonalidade tem influência na sua atuação. A cor mais clara (lavanda) é excelente para a meditação. É uma das pedras mais importantes, pois é a mais espiritual e está associada à humildade, porque abre caminhos para uma visão objetiva de si mesmo e anima a buscar a verdade interior, sem julgamentos prévios ou preconceitos. Sua bela luz roxa combinada com sua energia elevada estimula a mente, as habilidades intuitivas e psíquicas. Atua nas mágoas guardadas, na raiva e nas emoções fortes que causam danos à aura e destroem a alegria. Seu uso é indicado para aqueles que sofrem por terem sido abandonados e para aliviar a dor e a tristeza causados pelo desencarne de um ente querido. Uma vez que suas fortes vibrações se comunicam diretamente com o espírito, é ideal para meditar sobre a experiência da "passagem", a qual chamamos de morte. Ajuda a fazer a limpeza por meio da modificação na faixa vibratória, uma abertura para o perdão incondicional, para que se faça ligação com a fonte primordial de amor, equilíbrio e saúde.

Coadjuvante nos tratamentos de obesidade – por ajudar a dissolver o tecido adiposo. Pode ser usada com o citrino como elixir. Atua na eliminação dos vícios, principalmente do alcoolismo, de onde vem seu nome (A-metil). Ela empresta clareza de mente e torna mais difícil para o álcool, as drogas e outros vícios alterarem o humor da pessoa. No trabalho de cura, ajuda a pessoa a compreender a causa raiz de sua doença ou desequilíbrio. Sua habilidade para conceder clareza ajuda-a a identificar crenças, comportamentos e hábitos perniciosos que trouxeram um desequilíbrio energético para o domínio físico. Ajuda nos sintomas de zumbido nos ouvidos e nas desordens nervosas. Reforça a produção de hormônios e fortalece os órgãos responsáveis pela limpeza do sangue, pelo sistema imunológico e pelo metabolismo. Purifica e protege devido à sua ligação com o divino.

Tanzanita – (zoisita azul)

Componente químico: silicato de cálcio e alumínio. Conexão da mente e autoexpressão compassiva, adesão à verdade. Ela alinha o coração e a mente, permitindo uma experiência da espiritualidade mais equilibrada e centrada. Pedra da transmutação em sintonia com a chama violeta, tem vibrações muito elevadas. Combate a depressão e a ansiedade, devolvendo autoconfiança e equilíbrio. Acalma a mente, fortalece o cabelo, a pele, a cabeça, a garganta, o peito, os rins e os nervos. Acalma a tireoide hiperativa ou suprarrenal exaurida. Auxilia na descoberta da verdadeira vocação, trazendo proteção e segurança. Trabalha o chacra coronário para canalizar com as energias espirituais superiores. Ajuda na cura de problemas relacionados às vidas passadas. A tanzanita auxilia a pessoa a sentir-se mais compassiva, amorosa e centrada. Gera uma energia de felicidade e alívio das preocupações.

Cacoxenita

Componente químico: dióxido de silício. Alinhamento com o plano divino, limpeza e purificação espiritual, regeneração do corpo. A cacoxenita em quartzo promove a expansão dos chacras da coroa e frontal. Essa expansão da consciência ajuda na cura da ruptura percebida entre os reinos físico e espiritual. A cacoxenita encontrada na ametista ajuda na reprogramação das células para que continuamente se renovem e resistam ao propósito do envelhecimento. Ela limpa a negatividade, ajuda a alinhar a vontade pessoal com a vontade divina. É útil para os problemas estomacais, digestivos e de assimilação de nutrientes.

Rosa do deserto (selenita)

Componente químico: sulfato de cálcio hídrico com grãos de areia. Trabalha a beleza espiritual sagrada, estando sua energia ligada ao amor e à ancestralidade. Propicia o contato com a energia curativa que provém da Mãe-Terra, harmonizando e despertando o sentimento de proteção do seio da mãe de todos nós (Mãe-Terra). Auxilia na dissolução de programas autoimpostos; desfaz bloqueios e é muito benéfica para inspirar bons pensamentos e buscar novos caminhos para uma vida mais serena e mais criativa. Excelente para a meditação, porque é fonte de luz e amor. É muito útil para a pele, os ossos e problemas digestivos, assim como para a próstata, os testículos, ovários e a gravidez. Ajuda em casos de mal-estar e vômitos na gravidez.

• Omulu: Orixá da transformação

Minerais: ametista, turmalina preta e cianita preta (vassoura de bruxa).

Turmalina negra

Componente químico: boros silicato de alumínio de composição variável. Limpa os ambientes e as pessoas das energias densas.

Transmuta energias negativas e formas-pensamento. Sua ação é notória na reconstituição das auras danificadas pelo efeito prolongado de influências de obsessores. É indispensável em qualquer fórmula de renovação de energias, tanto em casa como no local de trabalho, em hospitais, clínicas, delegacias etc., ou seja, ambientes altamente comprometidos por baixo teor vibratório. Proteção, limpeza astral, ajuda nos processos de ansiedade e de estresse. Fortalece o sistema imunológico, trata a dislexia e a artrite, alivia a dor e realinha a coluna vertebral. Doenças debilitadoras prolongadas. Muito boa em casos de má nutrição, problemas de circulação, de tendões, ligamentos e má oxigenação. Alivia tensão. Colabora para o crescimento interior. Combinada com o cristal de quartzo, contribui para desbloquear e para facilitar os processos interiores. Também protege contra telefones celulares, a neblina eletromagnética e a radiação. Elimina os pensamentos negativos.

Cianita preta – (vassoura de bruxa)
Componente químico: silicato de alumínio. Ela limpa as energias bloqueadas em qualquer chacra e recarrega o sistema de meridianos. É muito útil em cura energética, porque limpa, equilibra e traz um fluxo desimpedido por meio de todos os sistemas da pessoa. Ela ensina a pessoa a experimentar consciência interdimensional sem perder sua ligação com a terra. Limpa também os ambientes.

Referências sobre cristais
HALL, Judy. *A bíblia dos cristais.* São Paulo: Pensamento, 2003. v. I e II.

RAIZER, Fabrizio Ranzolin. *Cristais os mestres da luz*: guia terapêutico espiritual dos minerais, cristais e pedras preciosas. Porto Alegre: Divina Presença, 2012.

SEIDL, Isabel; BEVILAQUA, Y. *Cristais e minerais*: guia completo. Rio de Janeiro: Novo Milênio, 1993.

SIMMONS, Robert; AHSIAN, Naisha. *O livro das pedras.* São Paulo: Madras Editora, 2013.

STARK, Karl; MEIER, Werner E. *Prevenções e cura com pedras*: a mais pura energia. 2. ed. ampl. São Paulo: Robafim, 2002.

SULLIVAN, Kevin. *A magia dos cristais.* São Paulo: Objetiva, 1987.

6
JESUS E OS ENSINAMENTOS DOS ORIXÁS CONTIDOS NO EVANGELHO

• Oxalá • Xangô • Oxóssi • Ogum • Iemanjá
• Oxum • Iansã • Omulu e Nanã Buruquê

A Umbanda vivencia o Evangelho de Jesus em sua essência por intermédio da manifestação do amor e da caridade prestada pela orientação dos guias e protetores que recebem a irradiação dos Orixás. Encontramos no terreiro da verdadeira Umbanda entidades que trabalham com humildade, de forma serena, caritativa e gratuita; espíritos bondosos que não fazem distinção de raça, cor ou religião e acolhem todos que buscam amparo e auxílio espiritual, conforto para dores, aflições e desequilíbrios da mais variada ordem.

Portanto, é importante que se compreenda de fato o que é mediunidade. Ela é um "fogo sagrado" de luz e de amor! Como o fogo que aquece e ajuda, também pode transformar-se em um fogo abrasador. Fogo sagrado de aprendizado, porque aquele que utiliza a capacidade mediúnica com disciplina e amor, que aprende e transforma a si mesmo em primeiro lugar, transforma-se num farol que ilumina. A mediunidade é paz que não se ganha, não se segura. É paz construída paulatinamente.

A Umbanda convida o Homem a transformar-se. Assim sendo, o consulente recebe esclarecimento sobre sua real condição de espírito imortal, ou seja, é levado a entender que é o único responsável pelas próprias escolhas e que deve procurar progredir na escala evolutiva da vida, superando a si mesmo. No entanto, ressaltamos, para transformar-se é preciso estar pronto para compreender as energias que serão manipuladas, porque elas trabalham com o ritmo interno. Ouvir a intuição é, portanto, ouvir a si próprio, é saber utilizar os recursos necessários que estão disponíveis para efetuar a mudança do estado de consciência.

Nesse sentido, transformar significa reverter o apego em desapego, a doença em saúde, a tristeza em alegria, o desamor em amor, as faltas em fartura, a ingratidão e o ressentimento em perdão. É não revidar o mal, e sempre praticar o bem. Dar sem esperar reconhecimento ou gratidão. A beleza da vida está justamente na "individualidade", no ser único, criado por Deus para amar – e esse ser único está ligado à coletividade pelos laços do coração e da evolução, a fim de aprender a compartilhar, respeitar, educar e ser feliz.

Somos o somatório dos nossos atos de ontem: por ter cometido inúmeros excessos, estamos conhecendo a escassez, ou melhor, sempre atuamos à margem, não conseguindo nos equilibrar no caminho reto, pois o processo de evolução é lento, não dá saltos, respeita o livre-arbítrio, o grau de consciência e o merecimento de cada um.

A Umbanda pratica o Jesus consolador e, silenciosamente, vai evangelizando pelo Brasil afora, levando Suas máximas: "A água mais límpida é a que corre no centro do rio, pois as margens sempre contêm impurezas"; "Não vos inquieteis pelo dia de amanhã, porque o amanhã cuidará de si mesmo", pois Ele nos envia Seu amor incondicional, que não impõe condições, porque não julga, não cobra, apenas Se doa e espera pelo nosso despertar para as verdades espirituais, para o Homem de bem que existe dentro de cada um de nós.

Durante o período em que o Mestre Jesus peregrinou pela Terra com seus discípulos, Ele sempre se referiu ao "Reino dos Céus", afirmando que "Seu reino não era deste mundo". Falava sempre do mundo espiritual, da essência divina de cada um. Por isso, diversas vezes, referiu-se aos Homens para que tivessem "olhos de ver e ouvidos de ouvir"! Seus discípulos então Lhe perguntaram por que falava ao povo por parábolas, ao que Ele respondeu: "A vós é dado conhecer os mistérios do Reino dos Céus e a eles não é dado. Por isso, eles olham e não veem, escutam, mas não ouvem nem compreendem! [...] Seus corações permanecem endurecidos! Ouviram de mau grado com seus ouvidos e fecharam seus olhos para que não vissem com os seus olhos e ouvissem com o coração e, então, se convertam para que eu os cure! Mas, bem-aventurados os vossos olhos porque veem e vossos ouvidos porque ouvem!" (Mt 13: 10-15).

Quando Jesus encontrou João Batista com os joelhos encobertos pela água do Rio Jordão falando do Messias, ao entreolharemse, uma força poderosa instalou-se sobre todos os circunstantes. Jesus aproximou-se de João Batista, e este ajoelhou-se aos pés do cordeiro do Cristo. Mansamente Ele o levantou e agachou-se sinalizando para que João O batizasse. Nesse instante único, vibraram intensamente sobre Jesus, no centro do Seu chacra coronário, o Cristo Cósmico e todos os Orixás. Foi preciso que o Messias fosse "iniciado" por um mestre do amor na Terra, para que se completasse Sua união com o Pai, e ambos fossem um. Esse é um dos quadros históricos mais expressivos e simbólicos que avalizam os amacis na Umbanda. Aos que nos criticam, recomendamos que observem melhor os ensinamentos de Jesus, desprovidos de "igrejismo" e patrulhamentos evangélicos religiosos.

Em todas as passagens do Evangelho de Jesus, podemos identificar a vibração dos Orixás, conforme descrevemos a seguir:

Oxalá

Orixá que representa a fortaleza, a vibração do Cristo Cósmico na Terra, a doação do amor incondicional, fraterno e perene, o profundo conhecedor da alma humana, o ser abençoado de luz que irradia o equilíbrio perfeito entre o princípio do masculino e do feminino. Seu olhar sereno e profundo, irradiando amor e compaixão, Lhe permite penetrar o íntimo de cada um e não julgar, apenas amar e curar, não somente as enfermidades físicas, mas também as da alma. Seus braços permanecem abertos em nossa direção, e Seu Evangelho nos ensina estas máximas:

"Amai a Deus sobre todas as coisas, de todo o teu coração e de toda a tua alma! E ama ao teu próximo como a ti mesmo". Não podemos amar a Deus sem antes nos amarmos e, por conseguinte, amarmos nossos semelhantes. Se não existe amor dentro de nós, se não aceitamos nossas virtudes e defeitos, não podemos amar nossos semelhantes.

"Eu Sou o Caminho, a Verdade e a Vida; ninguém vem ao Pai senão por Mim". Jesus nos mostra o caminho da simplicidade e do amor fraterno, do desapego e do perdão. A confiança na Providência Divina nos ajuda a difundir o Evangelho – caminho que leva a Deus, à verdade que liberta e que nos faz deixar de sofrer. Tudo o que pode deixar de existir amanhã não é verdade para nós, pois o que continua com a vida são os afetos, as alegrias, os sentimentos que carregamos em nosso interior. Devemos valorizar nossa vida, buscando a verdade interior, o caminho para a felicidade.

"Deixo-vos a minha Paz! A minha paz vos dou, mas não vô-la dou como o mundo a dá". A paz do Mestre é a paz interior, do coração, e não se encontra nas coisas efêmeras do mundo! Devemos estar em união com sua Vibração Cósmica de puro amor, que nos Une a Deus, que é Pai-Mãe e Espírito! Essa paz alcançamos por meio da oração, da meditação, que leva ao encontro consigo!

Urge a necessidade de olhar para si mesmo e percorrer o caminho da via interna, da alma. Esse caminho faz refletir sobre as ações que têm sido feitas no mundo e em que condições se encontra a própria vibração. Quais as crenças e valores que têm sido o norte do caminho até aqui. Serenidade, fé e gratidão são três palavras que andam juntas no chamado autoconhecimento.

A serenidade provém de um coração que "sabe" intimamente que tudo no Universo de Deus está certo como está. Que não há castigo, assim como não há recompensa! Há, sim, a Lei de Causa e Efeito, ou seja, para toda a ação existe uma reação. Essa lei atua tanto no plano físico como no plano espiritual.

A fé provém desta sustentação: não importa o que venha, estou seguro! A sabedoria ensina que assim como há bênçãos, também há infortúnios, e que eles se alternam neste Planeta de dualidade.

Por fim, nosso coração deve ser grato por tudo o que tem e não se afligir com aquilo que não tem e que não lhe pertence. A gratidão diária abre portas para a prosperidade na vida. Ser grato sustenta a fé e, por consequência, mantém a serenidade! Portanto, entenda que "um coração sereno é um coração grato, porque tem fé".

Todos deixaremos o teatro da vida terrena para encontrar a paz verdadeira na vida espiritual, caso tenhamos encontrado a harmonia e o equilíbrio enquanto estivermos aqui! Iremos para o plano espiritual onde vibramos em consciência, por isso o Mestre Jesus nos disse: *"A casa do Meu Pai tem muitas moradas!"*

Lembre-se: *"Onde estiver o vosso coração, aí estará o vosso tesouro!"* Uma vida plenamente materialista e embrutecida de valores espirituais ainda continuará distante do amor de Deus! Dessa forma, segue-se a roda das sucessivas reencarnações, um eterno ir e vir sem consciência de si mesmo e de sua essência!

A paz do Mestre está nos valores morais, na conduta da vida em harmonia com as leis de Deus, na paciência para com as nossas imperfeições – pois temos de vencer a nós mesmos –, e no despertar da consciência na escalada da evolução, que nunca cessa. Cada mudança interior para melhor reflete-se na convivência com o próximo. Quem ama sempre vai estar acompanhado, porque o amor encontra ressonância em outros corações. Amar é doar-se para a vida, em favor do bem.

Xangô

Orixá que representa a sabedoria, o amor e o respeito à vida, em obediência às leis de Deus, é o entendimento do encadeamento de nossas ações e reações, que estabelecem uma relação de causa e consequência, no sentido de ascensão espiritual; é o equilíbrio cármico.

No Evangelho, encontramos as vibrações de Xangô nas seguintes máximas:

"Não julgueis para não serdes julgados".

"Com a mesma medida que medirdes será medido".

"Atire a primeira pedra aquele que estiver sem pecado".

"Vá e não peques mais, para que não te aconteça coisa pior".

"A semeadura é livre, mas a colheita é obrigatória".

"Conhece a verdade e ela vos libertará". A compreensão das leis morais divinas liberta da roda do carma, das reencarnações sucessivas.

"Perdoai setenta vezes sete vezes".

"Ide reconciliar-vos com vosso irmão antes de pordes a vossa oferenda no altar".

É tão fácil perceber a dificuldade alheia, decidir qual atitude o outro deve tomar, resolver os problemas alheios, criticar e espalhar a maledicência. O ser humano não costuma olhar para si mesmo e avaliar sua conduta diante da vida e do próximo. Acertar e errar faz parte desta vida terrena, isto é, ter humildade para reconhecer os erros, perseverança para continuar e reconhecer o motivo pelo qual cada um está num degrau evolutivo diferente. Não podemos exigir aquilo que o outro não tem para nos oferecer, nem tampouco a capacidade para compreender.

Para cada ação, há uma reação, seja positiva ou não. Por isso, é preciso ter flexibilidade diante da vida, ter misericórdia para com a dor alheia, perdoar para se libertar, refletir sobre a capacidade de mudar, perceber qual a facilidade de aprender com a vida, estar em paz e equilíbrio com a Lei Divina para poder receber, por meio do merecimento pelo esforço empreendido para melhorar, as bênçãos que deseja alcançar. Fazer o bem e desejar o bem.

Devemos usar sempre a "verdade como proteção" e ser fiéis a nós mesmos, ouvindo a voz do nosso coração. O Mestre Jesus sempre usou a verdade, e em Seus ensinamentos, iniciava Suas frases assim: "Em verdade, em verdade vos digo...".

O perdão das ofensas liberta dos aprisionamentos do passado, das mágoas e dos ressentimentos, é o bálsamo que cura as feridas da alma. Jesus nos pediu que perdoássemos ilimitadamente, ou seja, sempre. E Suas últimas palavras terrenas foram uma súplica a Deus pela humanidade: "Pai, perdoai-os porque eles não sabem o que fazem".

Tanto tempo se passou e nós continuamos fazendo as mesmas coisas, nessa roda viva de incompreensão, violência, desamor, julgamentos e cobranças, vítimas que somos de nossas inconsequências, apegados às próprias dores e cheios de medo da mudança, de recomeçar, reconstruir o caminho, de aceitar ser feliz. Essa repetição de padrão acontece pela falta de conhecimento de si mesmo, que gera a usual postura de querer que o outro resolva seus problemas, que os guias e protetores deem uma solução! O aconselhamento espiritual é sempre bem-vindo, mas cada um é responsável pelas escolhas que faz na vida, o tempo todo é preciso decidir como, quando e onde ir, assim como quando voltar, começar e terminar, falar ou calar!

As crenças e os valores arraigados necessitam de tempos em tempos ser revistos, reavaliados e mudados. Como nos diz o Iogue Paramahansa Yogananda, em *A eterna busca do Homem*: "Milhões de pessoas nunca analisam a si próprias. Mentalmente, são produtos mecânicos da fábrica do ambiente em que vivem, preocupadas com o café da manhã, almoço e jantar, trabalhando, dormindo, indo daqui para ali para se divertirem. Elas não sabem o que, nem por que estão procurando, e tampouco compreendem por que jamais encontram a felicidade perfeita ou satisfação duradoura. Esquivando-se da autoanálise, permanecem como robôs, condicionadas pelo seu meio. A verdadeira autoanálise é a melhor arte do progresso. Todos deveriam aprender a se analisar imparcialmente. Anote diariamente seus pensamentos e aspirações. Descubra o que você é – não o que imagina ser! – porque quer fazer de você aquilo que deveria ser. A maioria das pessoas não muda porque não vê seus próprios erros".

Por tudo isso, faz-se necessário aliviar o coração. Perdoar a si mesmo e a algo ou alguém ou até mesmo a uma situação, seja ela do momento presente ou do passado. A felicidade terrena não é integral, mas é possível porque vem de dentro, do coração amoroso que faz o bem e que deseja ao outro o que quer para si próprio. Amar, perdoar e servir foram os exemplos deixados por Jesus, o Cristo.

Oxóssi

Esse Orixá representa o aconselhamento, o poder da palavra em ação, o caçador de almas, o amor pela natureza e pela Criação, a necessidade de saúde espiritual e física, a renovação, a nutrição, a prosperidade em todos os sentidos.

Devemos entender em uma linguagem simbólica que quando Oxóssi adentra na mata para caçar, ele está concentrado, observando tudo ao seu redor, em silêncio. Ele tem um arco e uma flecha, portanto, não pode errar o alvo. Nesse momento, ele tem olhos de ver e ouvidos de ouvir! Assim sendo, ele está consigo, atento e alerta. Esse Orixá vibra com Jesus por ser o "caçador de almas", lembrando que Jesus fez dos seus Apóstolos "pescadores de Homens".

Esse Orixá nos ensina a ser buscadores de nós mesmos, de nossa essência, de olharmos além da matéria, pura e simples. Seu alvo é a alma! O autoconhecimento! O estado de contemplação, de plena harmonia e paz interior, onde reinam o silêncio e a observação de si mesmo.

A manifestação dessas virtudes é observada nas seguintes colocações:

"Bem-aventurados os aflitos, os mansos, os que são misericordiosos, os que têm puro o coração...".

"Esteja no mundo, mas não seja do mundo". Quando Jesus esteve no meio da dor, da miséria humana, do desespero, do materialismo, da traição, da arrogância, não se deixou contaminar.

"A boca fala do que está cheio o coração".

"Onde está o vosso coração, aí está o vosso tesouro".

"Amai-vos e instruí-vos".

"Não são os sãos que precisam de médico". A chave do conhecimento tem de virar sabedoria. Pela boca entram os alimentos e saem as palavras que, quando harmoniosas, nos trazem equilíbrio e, por conseguinte, saúde.

"Não se turbe o vosso coração; no mundo tereis aflições, mas tende bom ânimo, Eu venci o mundo!"

"Observai os pássaros do céu: não semeiam, não ceifam, nada guardam em celeiros, mas vosso Pai celestial os alimenta; Por que, também, vos inquietais pelo vestuário? Observai como crescem os lírios dos campos: não trabalham, nem fiam – entretanto, eu vos declaro que nem Salomão em toda a sua glória jamais se vestiu como um deles".

"Não vos inquieteis pelo dia de amanhã, porque o amanhã cuidará de si mesmo".

Devemos buscar, em primeiro lugar, a conexão com Deus, a desenvolver a fé e a confiança na Providência Divina. Aprendendo a viver um dia de cada vez, o momento presente, que é tudo o que necessitamos, pois é imprescindível cumprirmos nossas tarefas diárias com harmonia e gratidão. A gratidão sincera abre as portas para a manifestação de tudo o que se necessita: criatividade, talento, alimentação adequada, moradia, progresso no trabalho, bons relacionamentos etc.

O plano divino opera de forma a colocar em nossa vida as pessoas, os lugares e os objetos que responderão às nossas necessidades. A prosperidade e a abundância fazem parte da nossa existência: basta olhar a natureza à nossa volta, observar o Cosmo e as estrelas. Devemos manter em nossos corações a gratidão a Deus por nossas preces serem ouvidas e nossas necessidades atendidas, pois Ele sabe o que precisamos, por isso dá "a cada um conforme suas obras". É necessário saber pedir, colocar a intenção no que se quer e ter confiança em si mesmo, na própria capacidade de realização. Assim sendo, as ideias surgem para a solução dos problemas.

O Mestre Jesus, quando escolheu os doze Apóstolos, lhes deu a tarefa de resgatar em cada ser a sua divindade, por isso, lhes disse: "Ide e pregai, curai os cegos e os leprosos, restituí a saúde aos enfermos, ressuscitai os mortos e expulsai os demônios. Dai gratuitamente o que gratuitamente recebestes!"

Ogum

Esse Orixá representa o poder da vontade, os caminhos abertos, a energia propulsora da conquista, o impulso da ação, o poder da fé, a força inicial para que haja a transformação. É o ponto de partida, aquele que está à frente. É a vida em sua plenitude, a vitalidade ferrosa contida no sangue que corre nas veias, a manutenção da vida, a generosidade e a docilidade, a franqueza, a elegância e a liderança.

A energia oriunda da vibração de Ogum pode ser percebida claramente nestas palavras de Jesus:

"A tua fé te curou". Com a imposição das mãos, Ele acionou o poder da vontade de mudar as atitudes e os pensamentos.

"Pedi e recebereis! Buscai e achareis! Porque todo aquele que pede, recebe". Dessa forma, Ele nos mostra que Deus nos dotou de inteligência e capacidade para que superemos nossas dificuldades, recomendando-nos o trabalho, a atividade e o esforço próprio.

Precisamos aprender a pedir, pois costumamos exigir soluções rápidas e eficazes para problemas de ordem material. Estamos sempre correndo contra o relógio e perdidos entre compromissos assumidos, os quais, muitas vezes, extrapolam nossa capacidade de cumprir. Esquecemos de cuidar de nossos sentimentos, de ir ao encontro do que nos realiza e nos dá satisfação interior, das coisas simples da vida.

A reencarnação ensina-nos que tudo aqui é transitório, que estamos na Terra para evoluir em espírito, para superar a nós mesmos. O "pedir", colocado aqui, é no sentido de "receber" da Providência Divina o ânimo, a coragem, as boas ideias, a fim de que possamos crescer e adquirir a paciência necessária para lidar com nossas imperfeições e com as dos outros.

Cada problema contém em si a solução. Tudo está certo como está, pois tudo tem seu tempo para mudar, crescer e amadurecer. Aquilo que não nos cabe resolver "agora", confiemos em Deus, porque quando estivermos prontos para compreender, tudo se resolverá. Devemos dar o melhor de nós, com ânimo, entusiasmo e confiança, agradecendo a oportunidade da vida.

"Orai e vigiai", lembrando que a oração é o alimento do espírito; ela abre as portas para a compreensão, é um bálsamo no momento das dores. A oração abranda nosso coração, nos protege e nos fortalece. A vigilância é a resposta que vem para aquilo que pedimos em oração. Ocorre que geralmente pedimos, e depois não prestamos atenção na "resposta", porque somos imediatistas. Mas nem sempre a resposta que desejamos ouvir é a que chega até nós, e sim a que necessitamos naquele determinado momento.

Por outro lado, devemos observar que tipo de pensamento estamos alimentando em nossa mente e o que estamos atraindo.

Vigiar no sentido de prestar atenção em nós mesmos, porque buscamos auxílio espiritual na casa de Umbanda, mas o que fazemos com a orientação recebida? Continuamos o tratamento até o final, com passes, banhos, água fluidificada, leituras esclarecedoras? Estamos dispostos a mudar nossa conduta? Fazemos uma análise e higienizamos nossos pensamentos e sentimentos? Estamos dispostos a nos desapegar dos sentimentos de culpa, de nos colocarmos como vítimas das circunstâncias, de não participarmos ativamente da nossa "própria" vida? Ninguém fará por nós o que nós mesmos temos de fazer, assumindo as rédeas da situação e acionando o curador interno, pois a felicidade é um estado de espírito.

"A fé remove montanhas. Pois, em verdade vos digo, se tivésseis a fé do tamanho de um grão de mostarda, diríeis a esta montanha: Transporta-te daí para ali, e ela se transportaria, e nada vos seria impossível". Na realidade, a fé é ativa, é inspiração divina que nos auxilia a chegar ao destino desejado, é a confiança que fortifica e a certeza de vencer os obstáculos. A fé prega-se pelo exemplo e precisa ser apoiada na razão, porque é preciso amar e crer sabendo por que se ama e por que se crê. A fé caminha de mãos dadas com a esperança e com a caridade; está intimamente ligada ao poder da vontade, à crença interior de vencer as adversidades pela paciência que traz a compreensão dos fatos.

O evangelho segundo o espiritismo nos diz (capítulo 9) que o magnetismo é uma das maiores provas do poder da fé posta em ação. É pela fé que Jesus curava e produzia aqueles fenômenos singulares, qualificados outrora de milagres. É a vontade dirigida para o bem. Tudo quanto a nossa mente poderosa acreditar e pedir com intensidade se realizará, por isso Jesus disse: "Tudo quanto pedirdes em oração, crede que recebereis".

Ogum representa, portanto, o caminho que precisamos percorrer, aquele caminho solitário para vencer os dragões internos que, na verdade, é o espírito em busca de si mesmo, percorrer o caminho de volta à unicidade com o Pai.

Somente quando aprendermos a amar e compreendermos em nosso espírito esse legado de amor, perdão, compaixão, não julgamento, gratidão pela vida, respeito por nós e pelo próximo, quando usarmos o livre-arbítrio com responsabilidade, não viveremos mais presos ao passado, nem tão pouco angustiados e ansiosos com o futuro, compreenderemos de forma integral que o momento de servir é agora. Jesus participava, servia, ouvia, compartilhava, instruía e amava a todos sem distinção.

O que for a profundeza do teu ser, assim será teu desejo.
O que for o teu desejo, assim será tua vontade.
O que for a tua vontade, assim serão teus atos.
O que forem os teus atos, assim será teu destino
(Brihadaranyaka Upanishad IV, 4.5).

Iemanjá

Esse Orixá representa o respeito, o amor, o despertar da Grande Mãe em cada um, a percepção de que somos cocriadores com o Pai, podendo gerar a "vida". Jesus tinha o princípio do masculino e do feminino (*animus* e *anima*) em Sua essência divina, em perfeito equilíbrio interno. Hoje, temos uma visão totalmente distorcida e masculinizada do princípio feminino. Deus na realidade é Pai-Mãe--Espírito. Temos dificuldade de penetrar na essência do feminino, que é a emoção, a doçura, a compaixão. É a energia que flui, a essência da doação, da harmonia, da vida em perfeito equilíbrio com a natureza, que espera com paciência, em seu próprio ritmo.

Na vibração do amor, tudo se harmoniza e permite que vejamos e aceitemos as pessoas como elas realmente são. Amar é abrir o coração sem reservas, desarmar-se, entregar-se e doar-se. As águas representam nossas emoções.

"Quem é minha mãe e quem são meus irmãos, senão aqueles que fazem a vontade do Pai?". Com essas palavras, Jesus demonstrou que Seu amor se ampliava a toda a humanidade, para nos ensinar que, rompendo com os grilhões do parentesco carnal, formamos uma única família universal.

Iemanjá, em sua vibração divina, cria seus filhos para a vida, para que sejam cidadãos do mundo, respeitando a individualidade de cada um. Mãe zelosa quer e visa unicamente ao bem de sua coletividade. É considerada a Grande Mãe porque acolhe também os filhos adotivos, de outras mães. Num terreiro de Umbanda, é a agregadora dos grupos, o sentido de união, o humanitarismo, a procriação no sentido de progresso e prosperidade.

Vovó Maria Conga nos esclarece: "O amor compreendido e praticado é como um pintor que reproduz obras que favoreçam a todos que são abrangidos pelo seu raio visual, provocando o desenvolvimento de novos valores internos, modificando os quadros mais íntimos de cada um, com as novas tintas e pincéis das conquistas realizadas em favor do outro".

Sendo assim, surge a caridade com si mesmo, que restaura no indivíduo sua dignidade psíquica, levando-o a superar o momento de dificuldade na conquista do alimento, da manutenção do lar, da educação e da saúde por meio do próprio esforço. É o "ensinar a pescar" que propicia o alimento sempre. O mar é nosso maior provedor de alimentos e de pulsação da vida – este é o sentido de prosperidade. No seu movimento de fluxo e refluxo das marés, limpa, energiza, leva o negativo e transforma-o em positivo, promovendo o equilíbrio.

Jesus reunia-Se com Seus discípulos nos finais de tarde, às margens do mar de Genesaré, para ensinar-lhes sobre o "reino dos céus" e transformá-los em pescadores das almas. Em Seu diálogo com Maria de Magdala, conforme o livro *Boa Nova*, psicografado por Chico Xavier, ela diz: "Desgraçada de mim, Senhor, que não poderei ser mãe". Então, atraindo-a brandamente para Si, o Mestre acrescentou: "E qual das mães será maior aos olhos de Deus: a que se devotou somente aos filhos de sua carne, ou a que se consagrou, pelo espírito, aos filhos das outras mães?".

A palavra de Jesus lhe honrava o espírito, convidava-a a ser mãe de seus irmãos em humanidade, aquinhoando-os com os bens supremos das mais elevadas virtudes da vida. "Vai, Maria! Sacrifica-te e ama sempre! Longo é o caminho, difícil a jornada, estreita a porta, mas a fé remove os obstáculos. Nada temas: é preciso crer somente!" E Maria de Magdala renunciou aos prazeres transitórios da carne e dedicou-se integralmente a auxiliar os irmãos em sofrimento, aliviando-lhes as feridas do coração, ficando até o fim de sua vida terrena com os aleijados e leprosos.

Maria de Nazaré, mãe de Jesus, foi o grande exemplo de fé e de entrega absoluta à vontade do Pai. Ela amou tanto seu filho único que jamais O impediu de cumprir Sua missão, e sim O guiou com seu amor e sofreu com Ele o martírio infamante da cruz. Em retribuição a esse amor, Jesus deixou a João, o Evangelista, Seu discípulo mais amoroso, a incumbência de substituí-Lo nos cuidados com Maria.

Oxum

Esse Orixá representa o amor-doação, o equilíbrio emocional, a misericórdia e compaixão. Mãe das águas doces, Oxum possui uma força de penetração fora do comum na natureza humana: é a psicóloga nata. Corresponde à nossa necessidade de equilíbrio emocional, concórdia, complacência e reprodução (não necessariamente reproduzir no sentido físico, mas no emocional, que liga a mãe ao rebento vindouro). É a mãe que cuida do feto durante toda a gestação e entrega-o a Iemanjá na hora do nascimento, para cumprir sua missão na vida. O amor-doação de Oxum é aquele que faz a caridade ao próximo, que agasalha, alimenta e reconforta.

Em *O evangelho segundo o espiritismo* (capítulo 6), Jesus, o psicólogo das almas, diz: "Vinde a mim todos vós, que estais cansados e aflitos, e vos aliviarei, porque o meu fardo é leve e o meu jugo suave". Em Mateus 25, volta a dizer: "Vinde, benditos de meu Pai, possuí o Reino que vos está preparado desde o princípio, porque eu estava com fome, e me destes de comer; estava com sede e me destes de beber; andava estranho e me acolhestes; estava nu e me vestistes; estava doente, e me visitastes; estava preso e me viestes ver". E ao ser abordado pelos justos: "Quando foi, Senhor, que te vimos com fome, com sede, estranho, nu, doente ou preso, e te acudimos?", Jesus respondeu: "Em verdade vos digo, tudo o que fizestes ao menor de meus irmãos, a mim é que o fizestes!".

Portanto, o Cristo interno não despertará em nós se não ajudarmos a despertar externamente o Cristo no próximo. Essa é a grande Lei da Polaridade Cósmica. São Francisco, Gandhi, Chico Xavier e tantos outros, encontrando o Cristo nos outros, encontraram-no em si próprios. Esta, portanto, é a máxima da caridade: auxiliar e servir aos necessitados, porque só assim estaremos realizando a caridade em nós mesmos. Conforme disse São Francisco de Assis: *"É dando que se recebe, é perdoando que se é perdoado"*.

Há mais felicidade em dar do que em receber. O beneficiado recebe o bem que eu faço, mas o benfeitor se torna bom pelo bem que faz, e antes de realizar qualquer bem no outro, ele o realiza em si mesmo. O amor manifesta-se por meio da caridade, sendo assim, o meu amor cresce com a minha caridade.

São Francisco beijou as chagas fétidas de um leproso, escolheu o sofrido e ínfimo irmão de Jesus e, nesse momento, realizou em si o nascimento de Cristo, rompendo a rigidez que o separava de sua verdadeira autorrealização. Ao romper com o ego humano, exultou o Eu Divino.

Iansã

Esse Orixá representa o movimento, a necessidade de mudança, de deslocamento, a rapidez de raciocínio (o raio), coragem, lealdade e franqueza. Higieniza os pensamentos, atua nos campos santos, em auxílio aos desencarnados, e no despertar da consciência. Está ligada à orientação e à educação. Representa a luta contra as injustiças. Sua propensão é trazer equilíbrio às ações humanas. Atua com Xangô na Justiça, na aplicação da Lei Cósmica.

Quando o Mestre Jesus referiu-Se aos que estavam dispostos a apedrejar uma mulher adúltera em praça pública, dizendo-lhes: "Aquele que estiver sem pecado, que atire a primeira pedra", todos foram saindo em silêncio e O deixaram a sós com ela. Então, Ele a olhou bem no fundo de seus olhos e lhe disse: "Vá e não peques mais, para que não te aconteça coisa pior!". Nesse momento, o Mestre manifestou novamente o "não julgar", a reflexão, a oportunidade de recomeçar e a necessidade de mudar de atitudes, para poder prosseguir na caminhada evolutiva.

Em outra passagem do Evangelho, diz Jesus: "Não vim trazer a paz, mas a divisão. Vim para lançar fogo à Terra; e o que é que desejo senão que ele se acenda?" Essa é uma atuação clássica da energia de Iansã, simbolizada no raio, como força da natureza. A ideia nova de Jesus encontrou resistência, incompreensão, trouxe à luz as verdades divinas sobre o reino dos céus e incomodou a crença materialista de Sua época, que submetia o povo à violência e aos abusos da mais variada ordem.

Quando "imolaram o homem" no martírio da cruz, pensaram que haviam resolvido a questão, mas a ideia de Jesus permanece até hoje, Seu chamado continua sendo a Boa-Nova, a conquista do espírito sobre a matéria, a liberdade de ser, e não a escravidão do ter, a comunhão com o Criador, irradiando amor incondicional sobre todas as criaturas e a natureza. Ela nos instrui sobre as dificuldades dentro da própria família, as incompreensões por estarmos reunidos na carne, mas com etapas evolutivas diferentes, não partilhando da mesma crença.

Iansã é o fogo, posto que a mediunidade é um fogo sagrado, um dom que nos foi ofertado por Deus para corrigir nossas imperfeições e nos ensinar a amar e a servir com humildade. É o fogo da Criação, a capacidade de superar-se, porque as leis cósmicas não permitem estagnação por muito tempo: exigem a nossa evolução, ou seja, o potencial divino que habita cada ser necessita ser externado como chama viva, e não vibrar como brasa que não é alimentada, ou fagulha que se apaga. Por isso, temos o livre-arbítrio para escolher entre servir e amar, ou simplesmente ser uma criatura acomodada e ociosa. A escolha é inteiramente nossa, e a responsabilidade também. A pressa de que o fogo se acenda é para que haja a transformação do Homem, para que cessem as guerras e as divisões internas e externas, visto que a paz nasce dentro do coração do ser.

E segue Jesus, no Sermão do Monte: "Bem-aventurados os pobres e os aflitos [...]"; "Bem-aventurados os pacíficos e os simples de coração [...]"; "Bem-aventurados os sedentos de justiça e misericórdia [...]". É o despertar do Homem de bem.

Omulu e Nanã Buruquê

Esses Orixás representam a transformação, a necessidade de compreensão do carma, da regeneração e evolução. Representam o desconhecido e a morte, a terra para a qual voltam todos os corpos, a terra que não guarda apenas os componentes da vida, mas também o segredo do ciclo da vida, a transmutação.

Omulu conhece a dor da transformação, o desapego e a libertação do ego, para que haja compreensão do espírito imortal e livre, porque o espírito sopra aonde quer. A morte, não só no aspecto físico, mas, sim, a morte de crenças e valores arraigados que não servem mais e que acabam por enrijecer e estagnar a caminhada por medo de mudar, de conhecer a si mesmo.

Nanã recolhe o espírito no momento do desencarne, logo após o corte do cordão de prata feito por Omulu, e o encaminha ao plano espiritual de forma amorosa e com a paciência de quem conhece as dores da alma e o receio de encontrar a si mesmo, respeitando a individualidade e o momento sagrado de cada um, no seu rito de passagem a outra dimensão.

Em *O evangelho segundo o espiritismo* (capítulo 4), Jesus disse a Nicodemus: "Em verdade, em verdade, digo-te que ninguém pode ver o reino de Deus se não nascer de novo"; "O que é nascido da carne é carne, e o que é nascido do Espírito é Espírito"; "Não te admires que eu tenha te dito que o espírito sopra aonde quer e ouves a sua voz, mas não sabes de onde vem ele, e nem para aonde vai: o mesmo se dá com o homem que é nascido do Espírito". Nessas passagens, o Mestre nos esclarece que o Homem é cocriador com Deus, gera o corpo carnal que vai abrigar o espírito que é de Deus, para que possa cumprir sua missão evolutiva na Terra. O corpo procede do corpo, e o espírito independe deste.

Já a "pluralidade das existências" e a "reencarnação" estão subentendidas no trecho "o espírito sopra aonde quer". A reencarnação é uma forma de fortalecer os laços de família, em que muitas criaturas se reúnem pela afeição e semelhança das inclinações, para trabalhar juntas pelo mútuo adiantamento. No entanto, na maioria das vezes, a parentela carnal necessita reajustar-se e voltar a amar, pois este é um elo frágil como a matéria, e com o passar do tempo extingue-se. Por isso, muitas pessoas sentem-se estranhas no lar onde habitam, pois ali estão para ajudar umas às outras até que esses laços se rompam de forma natural. Isso ocorre porque contraíram débitos em outras existências e terão de pagar ceitil por ceitil, trabalhando a compreensão, o reajuste e a aceitação das imperfeições próprias e alheias.

Conforme o grau evolutivo de cada espírito, há um lugar para viver entre uma encarnação e outra. Quanto mais evoluído o espírito, mais liberdade tem em estado de ventura e amor. Quanto mais comprometido, mais reencarnações, mais necessidade tem de superar suas dificuldades e dores. Porém, Deus em Sua infinita bondade e amor, não abandona Seus filhos e enviou-nos Seu anjo de amor, para nos ensinar sobre o reino dos céus, que não é deste mundo, e em Seu momento de maior dor rogou a Deus por nós: "Pai, perdoai-vos porque eles não sabem o que fazem!".

A Umbanda, em seu trabalho de amor e caridade, leva a palavra de conforto e esclarecimento aos que sofrem e se espelha nesta parábola de Jesus: "E o semeador saiu a semear [...]", não importando se o terreno ainda é árido, se existem espinhos, se os pássaros comem as sementes, pois pode ser que a semente caia em um solo fértil, no terreno daqueles que sabem que precisam trabalhar dentro de si a compaixão, a humildade e o amor pelo próximo. Os benfeitores espirituais vão estar sempre a disseminar o Evangelho de Jesus e a nos assistir e orientar, incansavelmente, em nossa jornada terrena.

Nossa profunda gratidão pela oportunidade que nos é dada de despertar a consciência para o servir e o aprendizado do amor, que ainda é pequeno em nós, porque para eles somos crianças espirituais em aprendizado.

Assim como a natureza do sol é aquecer e iluminar, a natureza da chuva é molhar e vivificar e a natureza da flor é perfumar e embelezar, a verdadeira natureza do ser humano é verdade, retidão, paz, amor e não violência.

Um ser humano que não manifesta essas qualidades, é como um sol sem calor nem luz, como uma chuva que não molha.

Não está sendo verdadeiramente humano.

Amor como pensamento é verdade. Amor como ação, é retidão. Amor como sentimento é paz.

Amor como compreensão é não violência.

O Homem vive na Terra para aprender antes de tudo, a arte de ser Homem, e depois, a arte de ser divino!

(Sri Sathya Sai Baba, 1926-2011).

Oxalá

Atributos: fortaleza e paciência, estabelece a ligação com a espiritualidade e leva ao despertar da fé e à compreensão do "religare" com o Cristo interno.

Xangô

Atributos: sabedoria e prudência; entendimento do encadeamento de nossas ações e reações, as quais estabelecem uma relação de causa e consequência no sentido de ascensão espiritual (equilíbrio cármico).

Oxóssi

Atributos: é o "caçador de almas", o conselheiro. Corresponde à nossa necessidade de saúde, nutrição, energia vital e equilíbrio fisiológico, num trabalho constante de crescimento e renovação. Fartura, riqueza, liberdade de expressão; silêncio e observação são seus pontos marcantes. Ele representa o equilíbrio do ser!

Ogum

Atributos: vontade e vitória; os chamados caminhos abertos que simbolizam o caminho e o próprio caminhante.

Iemanjá

Atributos: respeito
e amor; desperta a
Grande Mãe em cada
um, a percepção de
que podemos gerar
"vida" e de que somos
cocriadores com o Pai.
Estimula-nos ao amor
maternal, sem apego,
fazendo com que seus
filhos sejam cidadãos
do mundo.

Oxum

Atributos:
amor-doação,
equilíbrio emocional,
concórdia,
complacência,
fertilidade.

Iansã

Atributos: movimento e mudança; necessidade de deslocamento, transformações materiais, avanços tecnológicos e intelectivos; luta contra as injustiças.

Omulu

Atributos: Orixá da transformação, agente cármico a que todos os seres vivos estão subordinados, rege a "reconstrução de corpos" nos quais os espíritos irão reencarnar. Omulu não causa doença, ao contrário, a leva embora, a "devolve" para a terra. Corresponde à nossa necessidade de compreensão do carma, da regeneração, da evolução, de transformações e transmutações existenciais. Representa o desconhecido e a morte, a terra para onde voltam todos os corpos.

Nanã

Atributos: calma, benevolência e misericórdia;
é o momento inicial em que a água brota da terra ou da
pedra; é a soberana de todas as águas, mas é também
a lama, a terra em contato com a água; é o pântano,
o lodo, sua principal morada e regência. Ela é a chuva,
a tempestade, a garoa. Nanã é a mãe, boa, querida,
carinhosa, compreensível e sensível; a senhora
da passagem desta vida para a outra, comandando
o portal mágico, a passagem
das dimensões.

7
APOMETRIA: DESDOBRAMENTO ANÍMICO-MEDIÚNICO

• Relato pessoal do autor sobre uma experiência de incorporação em desdobramento astral • Resumo das Leis da Apometria • A dinâmica dos atendimentos • As ressonâncias de vidas passadas • A invocação dos Orixás • Relatos de casos

A Apometria é uma ferramenta de auxílio à terapêutica espiritual que tem como fundamento principal a indução dos sensitivos ao estado de desdobramento. É uma técnica anímica (não é religião, doutrina, seita, filosofia ou culto), de aplicação universal. Sua eficácia e o sucesso de sua aplicação na caridade dependem da associação com o mediunismo. No entanto, não basta a moral e a conduta evangélica do grupo, pois, como ainda estamos retidos no ciclo carnal e em processo de retificação moral-espiritual, não temos condição evolutiva de avaliar o merecimento dos consulentes e estabelecer a abrangência terapêutica da Apometria. Portanto, sem amparo e cobertura dos mentores espirituais, a Apometria está fadada ao fracasso ou a mais nefasta magia negativa.

Não há transe, catalepsia ou letargia com perda da consciência no desdobramento induzido. Para isso, seria necessário o desacoplamento acentuado do duplo-etéreo do corpo físico. Desse modo, toda a atividade na Apometria é consciente, havendo somente um leve desencaixe do duplo-etéreo para a exsudação do ectoplasma.

Esclarecendo melhor: nem todo desdobramento significa projeção astral. Com relação ao trabalho de Apometria, os corpos astrais expandem-se ou ficam desacoplados o suficiente para permitir o encapsulamento do agrupamento terreno pelo plano espiritual. Portanto, os guias do "lado de lá" são os verdadeiros condutores dos trabalhos, e deles servimo-nos como "blindagem" quando nos projetamos no plano astral, a fim de nos proteger.

Com essa explicação, podemos perceber que a projeção do corpo astral durante o sono físico difere da projeção na dinâmica apométrica e depende diretamente da sutilização do duplo-etéreo e do seu desacoplamento natural para haver lembrança. Assim, é fundamental entender as funções dos corpos: astral, que é o veículo da consciência em que o sensitivo narra emoções e sentimentos; e mental inferior, em que prevalece a vidência psicoastral. Embora os dois sejam distintos e separados vibratoriamente, acham-se tão intimamente relacionados que, no Oriente, com frequência, são tratados como sendo funcionalmente um só (Kâma-manas). Isso ocorre porque a principal função do corpo mental inferior é alimentar o intelecto, convertendo as sensações do corpo astral em percepções mentais de cor, forma, som, gosto, cheiro e tato.

Relato pessoal do autor sobre uma experiência de incorporação em desdobramento astral

A sessão de caridade foi muito procurada naquela noite, no terreiro. Havia vários consulentes com desequilíbrios sexuais, oriundos de excesso ou ausência de intercurso com o sexo semelhante ou oposto, ou de traições, trocas de parceiros etc. A maioria era vitimada por vampirizações de espíritos densos no chacra básico.

Graças a Oxalá, sou médium consciente, o que não quer dizer que tenho lembranças de tudo o que é dito pelas entidades quando me irradiam vibratoriamente, pois somente me é dado lembrar com mais vivacidade aspectos importantes para meu aprendizado, ou para os trabalhos que terão continuidade durante o sono físico. Desdobramos parcialmente nossos corpos astrais durante a sessão de caridade e completamente durante o sono físico, dependendo da especificidade da tarefa e da quantidade de fluido vital (axé, ectoplasma) que os guias irão necessitar.

À noite, após a sessão, tive uma experiência gratificante que vou compartilhar com os leitores: vi-me desdobrado, em corpo astral, na beira de um rio de águas correntes, onde uma bombonjira dançava ao redor de centenas de espíritos. Ressoavam atabaques. Vovó Maria Conga chegou e acoplou-se ao meu corpo astral. Fiquei completamente dominado no mental – não era mais eu, mas estava plenamente consciente, ouvia e via tudo.

A bombonjira das águas – um Exu feminino cruzado com Oxum – aproximou-se dançando, mas não reconheceu inicialmente a preta velha que estava "escondida" em meu corpo astral. Então, a preta disse-lhe: "Sabe quem fala? É Vovó Maria Conga". A bombonjira das águas chegou até a entidade-guia, parou de dançar, ajoelhou-se e beijou as mãos dela. A preta velha alisou os cabelos da bombonjira, num indizível amor, e disse: "Continua, filha, continua com tua dança que os atabaques não pararam. Continua ajudando os maninhos da Terra a livrarem-se das suas cargas deletérias pelos seus descontroles sexuais. Todos eles estiveram na sessão desta noite" (referindo-se à sessão de caridade no terreiro).

Em seguida, as entidades mostraram-me, com a maior consciência que já tive, uma incorporação completa em desdobramento astral. Posso afirmar que o médium não perde a consciência, pois escuta e ouve tudo, mas não é dono do seu campo mental. É como um garoto que está escondido, acocorado no cantinho do cinema, e não pode sentar-se na poltrona: sente-se a entidade, o rosto se repuxa num envelhecimento, a voz fica rouca como a dos idosos e um indizível amor e bem-estar se instalam: amor pelos espíritos ditos "marginais", pelos fracos e hipócritas da Terra. Na verdade, eu não sabia que existia Exu feminino de limpeza, cruzado com água doce, ou melhor, bombonjira das águas.

Fiquei assistindo àquelas centenas de espíritos desdobrados, "hipnotizados" ao som dos atabaques. No centro do rio, a bombonjira dançava, e, conforme sua sensualidade, os hipnotizava, eles entravam nas águas, que escureciam e ficavam turvas pelas impurezas dos desmandos sexuais dos encarnados. Foi uma experiência inesquecível.

Lembro-me de que houve vários consulentes com problemas sexuais na sessão de caridade daquela noite. Fica a lição de que o desdobramento astral, quando se dá naturalmente ou induzido pela Apometria, por meio das contagens numéricas, condiciona os corpos sutis do médium e não invalida a "incorporação", facilitando a entidade no plano astral.

O que ocorre na gira do terreiro é somente uma pequena amostra. Creio que o conceito de desdobramento astral deve ser cada vez mais difundido no meio umbandista. Vamos quebrar tabus, pois a maioria dos médiuns de terreiro, hoje em dia, são conscientes. A incorporação é completa em desdobramento, porque o corpo físico é uma barreira energética para a plenitude da manifestação quando estamos em estado de vigília (eu me refiro aos médiuns conscientes).

O médium desdobrado e incorporado pelo guia, no Astral, doa ectoplasma por meio do cordão de prata e do duplo-etéreo deslocado. Utilizando essa energia, a força mental de Vovó Maria Conga pôde manter todo aquele cenário plasmado. Os atabaques (vibração sonora próxima dos encarnados) criaram potente campo de força de atração e retenção, oportunizando uma concha astral que manteve unidos todos os atendidos pelo tempo necessário para a descarga: todos desdobrados durante o sono físico, e duas entidades conduzindo os trabalhos – uma preta velha e uma bombonjira.

Na Umbanda, tudo é energia, tudo é vibração das mais diversas, tudo é movimento e se expressa por intermédio dos Orixás, na natureza transmutadora.

Resumo das Leis da Apometria

Aplicação de pulsos magnéticos impulsionados pela força mental individual e coletiva, por meio da contagem e do estalar de dedos, para indução ao desdobramento (o mesmo procedimento é adotado para acoplamento).

A técnica é utilizada com o consulente sentado no meio do grupo, na frente do congá. A contagem é feita com estalar de dedos no alto da cabeça, e então os corpos espirituais são expandidos e desdobrados. Facilita-se a sintonia dos médiuns com os bloqueios energéticos existentes, como, por exemplo, "nódulos", magismo e aparelhos colocados no duplo-etéreo do atendido.

Com os médiuns desdobrados, os benfeitores espirituais conduzem os trabalhos onde se fizer necessário: na casa do consulente, no Umbral inferior, em alas hospitalares.

Ao mesmo tempo que se desdobra o consulente, o grupo mediúnico encontra-se desdobrado. A partir dessa "nova" realidade, o deslocamento no plano espiritual fica facilitado, visto que somos doadores de ectoplasma ao mundo espiritual, o qual poderá interceder a favor da caridade assistencial onde se fizer necessário.

Formação de campos de forças de natureza magnética: proteção, higienização, contenção e defesa.

Utilizamos formas geométricas (pirâmide, triângulo, cones, entre outras). Esses campos de força são plasmados no Astral pela força mental do dirigente-invocador durante os atendimentos, sempre que se fizer necessário.

Atuação nas lembranças oriundas da memória perene contida no inconsciente, no sentido de desfazer os estímulos "recordativos" – despolarização – que estão originando as ressonâncias de vidas passadas.

Quando o médium sintoniza uma situação traumática de vida passada do consulente que está vibrando e desarmonizando sua vida atual, é possível amenizar essa ressonância por meio da catarse que o médium sofre durante o atendimento apométrico. Exemplificando: o atendido tem sofrido convulsões súbitas, sem causa aparente. No atendimento, verifica-se que ele desencarnou ao ficar preso num poço, após uma queda. Hoje, sempre que se aproxima de rios e lagos fica convulsionando. Ao vivenciar a catarse, como se ele tivesse caído no poço de outrora, o médium alivia o consulente do mal-estar que o está afligindo no momento presente.

Interferência e alteração da coesão molecular do duplo-etéreo, propiciando a modificação de seu padrão vibratório e facilitando as incisões cirúrgicas realizadas pelos benfeitores espirituais.

O desdobramento induzido desloca e expande o duplo-etéreo do corpo físico, deixando-o menos denso e mais propício à intercessão dos espíritos-guias que realizam as cirurgias astrais. Isso é feito muito rápido, e o consulente nada sente, podendo somente ficar com sonolência após o atendimento, e sentir-se um pouco cansado no dia seguinte. Recomendamos repouso, alimentação e ingestão de líquidos no dia posterior ao atendimento.

Doação de energia e aplicação da força mental, recompondo membros e refazendo formas astrais.

Isso é possível pela atuação no duplo-etéreo. Doamos ectoplasma e, intencionalmente, com auxílio dos guias espirituais, procedemos a recomposição de membros danificados de espíritos sofredores e refazemos formas astrais, nos casos em que haja deformação do corpo astral e o espírito se enxerga com aspectos animalescos, com garras, pelos etc.

A dinâmica dos atendimentos

Os atendimentos ocorrem na frente do congá, com os médiuns sentados em círculo. O consulente fica sentado no centro, conforme foi citado anteriormente. São permitidas manifestações simultâneas, e todas as formas espirituais são bem-vindas. Regularmente utilizamos pontos cantados, encaminhamos espíritos doentes ao plano espiritual, promovendo um breve diálogo fraterno. Nem todas as manifestações são mediúnicas, e nessa situação o animismo perde o estigma de mistificação, sendo comum as catarses referentes a traumas da vida passada do consulente.

As ressonâncias de vidas passadas

São fenômenos anímicos que podem se tornar uma auto-obsessão e, a partir de então, desencadear obsessões de vários tipos. É como se fossem tipos de flashes de traumas do passado que irrompem do inconsciente prejudicando a vida da pessoa. Podem chegar até à consciência, como espécies de recordações tormentosas e fragmentárias de encarnações anteriores, o que causa séria perturbação no indivíduo.

O tratamento com a Apometria ocorre quando médiuns expressam uma catarse dessas situações tormentosas de vidas passadas, durante a dinâmica de atendimento. É importante registrar que a catarse do sensitivo não é, por si, o suficiente para alívio da ressonância que transtorna o consulente. Na maioria das vezes, alivia o atendido da sintonia com o passado, mas é a mudança de padrão de comportamento (a reforma íntima) que torna a cura perene.

A catarse e a mera aplicação da técnica apométrica não garantem o bem-estar em todos os atendidos. Ao contrário do que dizem muitos dirigentes de grupos apométricos, cairíamos na azáfama dos milagreiros, num determinismo onipotente, e desconsideraríamos o merecimento individual e a necessidade de mudança interior, consciente, fazendo com que o consulente altere sua conduta comportamental e seus valores. Não se dispensa os preceitos básicos de reforma íntima e a medicina terrena. A Apometria é somente um meio coadjuvante de auxiliar na busca da cura perene que pode dar bons resultados, associado à Umbanda e aos sagrados Orixás.

A invocação dos Orixás

Invocamos os Orixás, seja por contagens numéricas e pontos cantados, ou ambos ao mesmo tempo, durante os atendimentos apométricos:

Invocação de Oxalá e linha do Oriente: faz a distribuição ou "descida" vibratória das outras linhas e entidades. É adequado cantar-se no início dos trabalhos e em situações que requerem atuação do chamado agrupamento do Oriente e dos médicos do Astral. Exemplo: para fixar agrupamento do Oriente, plasmar ala médica e instrumentação cirúrgica no Astral.

Invocação de Iemanjá: limpeza magnética do ambiente, do trabalho, dos médiuns e dos consulentes pelo povo d'água. Exemplo: após desmanchos, desobsessões, demandas, manifestação de espíritos sofredores e sempre que se for necessário fazer uma harmonização do grupo. Iemanjá pode ser invocada também nos casos em que se deseja fixar o sentimento de maternidade no campo vibratório de uma consulente, por existir conflito entre mãe e filho.

Invocação de Oxum: harmonização exaltando o sentimento de amor incondicional que acompanha a vibração desse Orixá. Exemplo: nos casos em que um casal está em desavença por causa de uma gravidez recente ou por tentativas de engravidar frustradas.

Invocação de Oxóssi: curas e cirurgias astrais. Exemplo: quando um consulente estiver com câncer. Pode ocorrer a atuação dessa vibração em trabalhos desobsessivos, pelos caboclos flecheiros (Jurema, Cobra-Coral).

Invocação de Xangô: para a verificação de causas pretéritas, traumas do passado que necessitam de equilíbrio, conforme a Lei do Carma, e ocorrências em que o livre-arbítrio do consulente está sendo desrespeitado. Exemplo: pânico de elevador porque em uma vida passada o consulente caiu de um telhado. Espíritos obsessores aproveitam-se disso e aumentam o mal-estar – essas informações geralmente são fornecidas pelos guias, por intermédio de um médium, ou pelo dirigente, quando ele não as recebe direto do Astral pela clarividência ou incorporação.

Invocação de Ogum: as entidades dessa linha irão realizar o trabalho de demanda; irão lutar contra as falanges das "sombras"; irão antepor-se frontalmente com os feiticeiros do Umbral inferior, criando uma barreira vibratória magnética do Astral. Exemplo: consulente magiado, em "confronto" com a organização contratada no submundo astral que fez o trabalho. Invocamos o Orixá Ogum, e os caboclos da vibratória manifestam-se. Se necessário, são utilizados elementos materiais, como fogo, pólvora, água.

Invocação de Omulu: todo trabalho de alta magia e liberação dos guardiões (Exus) é feito por essa vibratória. Exemplo: quando o consulente está perturbado em consequência de um trabalho de magia negativa realizada com sacrifício animal em porta de cemitério, fazendo com que ele não durma e sinta dores generalizadas pelo corpo.

Invocação de Iansã: deslocamento e mudança. Exemplo: remoção de grupo de espíritos sofredores, ou mudança de padrão mental do consulente (rigidez de opinião).

Invocação de Nanã: após trabalhos "pesados" de contramagia e desmanchos, em que muitos espíritos foram liberados de situações de escravidão. Exemplo: espíritos escravos de uma organização trevosa foram soltos e não sabem que estão desencarnados. A vibração de Nanã os acolhe no mundo espiritual, como uma grande mãe acolhe seus filhos no colo.

Encerramos este tópico dizendo que todas as entidades ligadas a cada Orixá trabalham em conjunto e, ao mesmo tempo, no atendimento com Apometria. A movimentação dessas falanges ocorre sempre que necessário baseado no merecimento do consulente. Assim, quando entramos no campo energético de um consulente, estamos interagindo com seu espírito, que já teve milhares de encarnações, em várias épocas e condições diferentes na Terra. Precisamos ter o coração aberto para todo o tipo de manifestação, e de forma alguma devemos tecer julgamentos sobre a dor de quem quer que seja, pois não sabemos do nosso passado. Cremos que a Umbanda é a mais rica e a mais propícia religião mediúnica a utilizar a técnica da Apometria para a pesquisa do espírito eterno, exatamente por sua essência: o amor universal que se perpetua pelos tempos imemoriais.

Relatos de casos*

Caso 1
Consulente: AMZ, 39 anos, professora.

Sintomas: apresentava depressão; estava muito enfraquecida e chorosa, pois há um ano e meio dera à luz uma menina com problemas cardíacos irreversíveis que desencarnou dias após o nascimento. Extremamente abalada desde então, a consulente entrou em estado depressivo. Desejosa de ter outro filho (já tem uma menina de cinco anos), engravidou novamente e, de início, apresentou descolamento de placenta, o que exigiu repouso absoluto. Com oito

---

* Esses dois casos foram atendidos no Centro de Umbanda Vozes de Aruanda, em Erechim, estado do Rio Grande do Sul.

semanas, sentindo dores, realizou os exames e constatou que o feto estava morto e "em pedaços", como se tivesse explodido dentro do útero.

Atendimento: foi aberta a frequência vibratória da consulente e feita a leitura de sua tela holográfica** pelos médiuns. Manifestou-se uma entidade ligada à consulente, demonstrando extrema revolta e desejo de vingança. Instigada a falar de sua revolta, relatou que havia programado matá-la depois de ter provocado a morte do feto. Confessou ter colocado aparelhos em seu ventre para que a gravidez não fosse adiante. Seu ódio vinha de outrora, época em que fora amante do marido da consulente, com quem teve um filho, que foi roubado logo após o nascimento pela esposa do amante. Na ocasião, desesperada e com os seios abundantes de leite, implorou que lhe devolvesse o filho, mas foi brutalmente atacada pela esposa traída, a qual lhe cortou os seios e em seguida a matou, cortando-a em pedaços. Esse cenário foi cristalizado em sua mente e, apesar do tempo, ainda se sentia assim, cortada e com dores. O quadro apresentado era assustador.

Por meio do ponto cantado na vibratória de Oxóssi, a entidade sentiu-se tratada, melhorando seu corpo astral e amenizando as dores. Com o ponto de Oxum, seu emocional foi equilibrado por meio de uma catarse de choro provocada. Sentindo-se melhor, mas confessando ainda odiar a consulente, a entidade foi levada, pela contagem de pulsos, a buscar em seus arquivos de memória fatos de um passado em que fora o algoz. Observou então que, em meados de 1700, vivia em país da remota Europa, onde era aborteira profissional, usando os fetos para realizar magia negativa, ocasião em que obrigara uma jovem moça (hoje a consulente) a abortar.

Assustada com os feitos do passado, repensou, embora afirmasse ainda continuar magoada com a mulher. Com a despolarização

---

** Holograma dos corpos sutis é uma espécie de radiografia energética que aparece como um "amontoado" de retângulos, um ao lado do outro, dando a impressão de uma imensa tela.

de estímulos de memória, por meio de comando palmar sob o crânio, foi retirada do quadro tenebroso que originara o ódio e amparada por uma preta velha, que a encaminhou a um hospital do mundo astral para tratamento, desligando-se do campo vibratório da consulente.

Com o ponto cantado da vibratória de Xangô, a equipe de Apometria trabalhou a ressonância de vida passada em que a consulente havia praticado abortos, pois a culpa que sentia inconscientemente nesta atual encarnação auxiliava seu estado depressivo, além de atrair seu corpo astral, em desdobramento durante o sono (pela condição vibratória), para um bolsão onde muitos espíritos abortados se amontoavam sentindo-se retalhados pela ação brutal do momento fatídico. Utilizando a vibratória de Ogum, e com a bondosa ajuda das pretas velhas, o bolsão foi desfeito, e as entidades socorridas.

Após aconselhamento de uma preta velha que nos assiste nos atendimentos, evocamos a vibratória de Iemanjá, energia geradora da vida, para dar o equilíbrio àquele ser em relação ao seu aspecto mulher-mãe. Em seguida, auxiliados pelos Exus, nos deslocamos, em desdobramento consciente, até a residência da consulente, onde algumas entidades renitentes aguardavam sua volta para continuar vingando o passado. Todas foram devidamente encaminhadas pela Lei, e então evocamos as caboclinhas de Iemanjá, plasmando ondas do mar em nível astral, para que o ambiente fosse higienizado, pois encontrava-se energeticamente enevoado com as energias e formas--pensamento produzidas pela própria família.

Observação: durante todo o atendimento, a consulente apresentou catarse de choro, e observou-se a presença de sua protetora acalentando-a. A catarse foi extremamente benéfica porque limpou seu corpo emocional e deu-lhe o equilíbrio necessário. Ao final do atendimento, ela já se sentia aliviada, sendo instruída às mudanças necessárias (perdão e autoperdão): foi-lhe transmitida uma mensagem que a aconselhava a realizar um trabalho voluntário com crianças carentes e a repensar sobre uma possível adoção. Hoje, encontra-se equilibrada e bem mais feliz e não apresentou mais sintomas de depressão. Após um ano, engravidou novamente e conseguiu finalizar a gestação com sucesso, dando à luz uma criança saudável.

Caso 2
Consulente: AT, 45 anos, professora, comerciante na área de alimentos.

Sintomas: apresentava depressão, sensação de desmaio, fugas instantâneas e nódulos na garganta.

Diagnóstico médico: epilepsia suave.

Atendimento: foi aberta a frequência vibratória da consulente e percebeu-se densa camada energética envolvendo todo o agregado de sua aura. Foi constatada a existência de microaparelhos de baixa vibração em pontos estratégicos da parte esquerda do cérebro etérico, no formato de pequenos chips, que visavam acionar rememorações pretéritas de culpas ligadas ao desregramento sexual. Acessando as informações de sua tela holográfica, observamos que em várias encarnações a paciente se perdeu pelo descontrole dessas energias, inclusive cometeu aberrações quando no sexo masculino. Em outras encarnações no sexo feminino, prostituiu-se e, como freira católica, praticou o lesbianismo. Nesta vivência atual, a proposta é constituir família pelo casamento, a fim de atenuar essa energia extremamente descontrolada, e arrebatá-la para as artes ou para a caridade, por meio da mediunidade. Como nada disso estava ocorrendo (embora as oportunidades tenham aparecido nas duas áreas), e a paciente já cumpriu 2/3 do total de sua atual encarnação, instalou-se uma aversão pelo sexo e pelo companheiro, encontrando-se extremamente infeliz, angustiada e desequilibrada emocionalmente.

Essa situação canalizava grande quantidade de energia densa no seu chacra básico, por meio de aparelhos inteligentemente colocados pelos amigos da esquerda, na região da coluna vertebral até o cérebro, os quais facilitavam a rememoração das cenas guardadas no inconsciente, como se fosse a *kundalini* se abrindo, subindo como um raio até os chacras superiores e voltando como descarga elétrica sendo freada pelo duplo-etéreo, que se afastava abruptamente, causando suas "fugas", ou crises de epilepsia, conforme diagnosticado.

No duplo-etéreo, o chacra umbilical encontrava-se em total desalinho, como um redemoinho, extremamente aberto e com as cores fortes semelhantes às do chacra básico. O esplênico, que fora programado para usinar energias de cura, era constantemente sugado por baixas vibrações. Seu corpo energético, já bastante ressentido e sem vitalidade, apresentava-se sem cor e sem brilho, o que transparecia no físico, pois a fisionomia da consulente era desoladora, aparentando bem mais idade do que a real.

Então, com pontos cantados, acessamos a linha dos pretos velhos, que se manifestaram com sua habitual alegria, irradiando os médiuns e retirando todos os aparelhos energéticos colocados no corpo-etéreo da paciente. Com pontos cantados de Oxalá, acessamos os médicos do Astral, e um verdadeiro ambulatório instalou-se no ambiente etéreo: instrumentos que emitiam algo semelhante a raio laser cauterizavam o corpo etéreo nas regiões onde haviam sido retirados os aparelhos parasitas; em seguida, o local era imantado com um material parecido com tufos de algodão (porém mais sutil) umedecidos em fitoterápicos, sanando imediatamente.

Por orientação dos mentores, evocamos a egrégora dos Exus, os quais se deslocaram até a residência da paciente, que havia se tornado um antro de entidades rastejantes que se compraziam em contínua festa ao redor de uma churrasqueira localizada na entrada da cozinha. Sugando a energia animal da carne, assada costumeiramente, ali permaneciam deixando o ambiente pesado.

Vibrando em Ogum, seus falangeiros nos auxiliaram na localização da entidade mandante da instalação dos aparelhos magnéticos colocados em seu cérebro. Sobrevivendo num laboratório no baixo Astral, o mago, que possuía treinado poder mental, era protegido por uma cabine especial. Plasmamos, a conselho de um guardião que nos acompanhava, um espelho refratário na parede onde estavam seus controles, o que, além de confundi-lo quanto à nossa presença, refletia de volta a vibração negativa que emanava, fazendo-o desfalecer em pouco tempo.

O guardião (Exu) que nos acompanhava e instruía nessas incursões possui uma espécie de cassetete de cerca de 15 centímetros, que, quando acionado, solta um chicote que envolve a criatura visada, dos pés à cabeça, imobilizando-a. Assim é que a entidade foi conduzida à justiça de Xangô. Após o encaminhamento de vários ajudantes do mago, foram resgatados os prisioneiros do laboratório, o qual era equipado com gavetas (como no necrotério) identificadas com o nome dos espíritos ali guardados e codificadas com hieróglifos intraduzíveis ao nosso entendimento. Estavam ali os corpos astrais de pessoas em coma, anestesiadas ou adormecidas. Uma das gavetas vazias, mas identificada, era da consulente cujo corpo era atraído ao adormecer, ou nos momentos de crises epiléticas, para retirada de energia.

Os corpos retidos foram encaminhados pelos falangeiros de Ogum a locais adequados na natureza para tratamento, de acordo com o merecimento, e posterior devolução ao seu agregado (ajudamos cantando pontos de Oxóssi). O local foi limpo, e as energias desestruturadas pelos elementais, com pontos cantados na linha das crianças (ibejis).

Na oportunidade, foi-nos explicado que esses mestres da magia negra costumam "usar", como usinas ectoplasmáticas, médiuns renitentes em não assumir seus postos de curandeiros. Esse fato predispõe sintomas semelhantes à epilepsia. Agindo dessa maneira, os magos colocam os aparelhos no cérebro do médium (bulbo raquidiano), acionando com isso ressonâncias de vidas passadas que causam o descontrole emocional (as culpas) e fazem emergir pela canalização da coluna toda uma carga densa do básico, o qual acaba por afastar o corpo etéreo.*** Essa janela vibratória leva ao desmaio e à extrema catarse, expulsando grande cota de ectoplasma que é usinado porque o médium não o aproveita para as curas, conforme se comprometera; esse ectoplasma é então aproveitado pelos magos para fins obscuros.

Orientação à consulente: foi aconselhada a mudar urgentemente seus hábitos e a educar sua mediunidade, da qual ela já estava ciente.

Comentário: nossas brechas cármicas são como uma arma aproveitável pelas inteligências do mal. Sempre alertas, elas utilizam-se de nosso descontrole emocional (onde tudo começa) para se instalarem. Depois disso, sem ajuda externa, tudo fica muito difícil. No caso relatado, verificou-se mais uma vez a omissão da promessa reencarnatória de assumir a mediunidade como redenção. Os desmandos do sexo de outrora podem ser canalizados para as artes, comprometimento que ela havia feito e distorcido pelo materialismo a que está ligada.

*** Ver capítulo "O duplo-etérico", da obra *Elucidações do Além*, de Ramatís.

8
EXUS: AGENTES DE REAJUSTAMENTOS CÁRMICOS

• Quem és, Exu, e o que fazem os espíritos que trabalham nesta vibração?

Entendemos que as entidades que atuam como Exus são como guardiões de nossos caminhos (nossas encruzilhadas cármicas). A vibração dessa linha atua numa faixa de retificação evolutiva, fazendo com que, muitas vezes, sua atuação seja confundida com o mal, o que não é de forma alguma verdadeiro. Se um Exu atua numa faixa de correção, muitas vezes no escopo de seu trabalho, alguém vai sofrer alguma mazela por puro efeito de justo retorno. Por exemplo: pessoas que foram muito ricas e despóticas em vidas passadas, na atual encarnação vão encontrar dificuldades para o ganho financeiro. Nesses casos, Exu não irá facilitar em nada essa situação, agindo dentro de uma linha justa de intercessão. E se a criatura fizer um trabalho de magia negativa para conseguir um emprego e prejudicar alguém, e o prejudicado procurar um terreiro de Umbanda, pode-se ter certeza de que o contratante do trabalho terá como retorno todo o manancial cármico que distorceu intensificado, por um justo mecanismo de compensação cósmica, que foge ao nosso controle. Então, o que acontecerá depois cabe a Xangô (a justiça) determinar; cabe a Exu apenas executar à risca. Parece duro, mas aprendemos com o tempo que as coisas funcionam desse modo, independentemente do que se entende como Exu ou não.

Os espíritos que manejam e atuam na vibração de Exu são calejados nas lides e psicologia da vida e desprovidos de sentimentalismos na aplicação da lei cármica. Entendemos que, sem essa vibratória, o planeta seria uma barafunda, e os magos do Astral inferior já teriam instalado o caos na Terra.

Há de se ter bem claro que Exu não faz mal a ninguém, ao menos os verdadeiros. Quanto a espíritos embusteiros e mistificadores que estão por aí, estes encontram sintonia em mentes desavisadas e sedentas por facilidades de todas as ordens. Os Exus atuam diretamente em nosso lado sombra e são os grandes agentes de assepsia das zonas umbralinas. Em seus trabalhos, cortam demandas, desfazem feitiçarias e magias negativas feitas por espíritos malignos, em conluio com encarnados que usam a mediunidade para fins nefastos. Auxiliam nas descargas, retirando os espíritos obsessores e encaminhando-os para entrepostos socorristas nas zonas de luz no Astral, a fim de que possam cumprir suas etapas evolutivas em lugares de menos sofrimento.

Assim é Exu: por vezes incompreendido, outras temido, tantas amado, mas sempre honesto, alegre, feliz, direto no que tem a nos dizer e incansável combatente da maldade que o próprio Homem alimenta no mundo.

Quem és, Exu, e o que fazem os espíritos que trabalham nesta vibração?

– Quem és, ó Elegbara, que com teu falo em riste deixava estupefatos os zelosos sacerdotes do clero católico?

– Só pode ser o demônio infiltrado nestas tribos primitivas que habitam o solo árido da África – gritavam os inquisidores zelosos.

– Negros sem alma, que só pensam em se reproduzir, em ofertar para a fertilidade da lavoura. Levem-nos para o Brasil e vendam-nos como escravos, que lá aprenderão as verdades dos "céus"!

Cá chegando:

– Quem és, Exu, "Orixá" amaldiçoado pela dualidade judaico-católica, que não pôde ser sincretizado com os "santos", santificados pelos papas infalíveis? Quem és, Exu, que os Homens da Terra determinam que não és santo e, por isso, és venerado às escondidas, no escuro das senzalas, e seus assentamentos ficam enterrados em locais secretos? Quem és, Exu, que o vento da liberdade que aboliu a escravidão "enxotou" para as periferias da capital de antanho? Quem és, Exu, que o inconsciente do imaginário popular vestiu com capa vermelha, tridente, pé de bode, sorridente entre labaredas e que, por alguns vinténs, aceita farofa, galo preto, charuto e cachaça, atende aos pedidos dos fidalgos da zona central, que vêm até o morro em busca dos milagres que os santos não conseguem realizar? Quem és, Exu, que continua sendo "despachado" para não incomodar o culto aos "Orixás"?

– Exu é entidade? Então aqui não entra – dizem os ortodoxos que preconizam a pureza das nações.

– Aqui não tem lugar para egum, espírito de morto!

– Exu fica na tronqueira! Médiuns umbandistas, pensem nos caboclos e nos pretos velhos e não recebam esses Exus. Eles são perigosos! – admoestam certos iniciados, chefes de terreiro.

Sim, esses iniciantes e iniciados, que, pelo desdobramento natural do espírito durante o sono físico, vão direto para os braços do seu quiumba (obsessor) de fé e saem de mãos dadas para os antros de sexo, drogas, jogatinas e outras coisitas prazerosas do Umbral mais inferior. Dia seguinte, sonolentos e cansados do festim sensório, imputam a ressaca ao temível Exu. Oh! Quantas ilusões!

– Afinal, quem és tu, Exu? Por que és tão controverso?

– Eu mesmo vos respondo... Iah, ah, ah, ah! Não sou a luz... pois a luz cristalina, refulgente, só a de Zambi, Olorum, Incriado,

Deus, seja lá que nome dão... Não sou a luz... Mas sou centelha que refulge. Logo, sou espírito em evolução. Essa não é uma peculiaridade nossa, só dos Exus, mas de todos os espíritos do infinito Cosmo espiritual. Afirmo que não existe espírito evoluído, como "um produto acabado". Todos, independentemente da forma, estão em eterna evolução, pois plenamente perfeito só existe um, que é o próprio Absoluto. Assim, perante os "olhos" de Olorum, sou igual aos pretos velhos, caboclos, baianos, boiadeiros, ciganos, orientais... As distinções preconceituosas ficam por conta de vocês.

Não sou a luz, mas tenho minha própria luminosidade, qual labareda de uma chama maior, assim como todos. Basta tirar as nódoas escuras do candeeiro que lhes nublam o discernimento e poderão enxergá-la intimamente, ao que chamam de espírito. Há algo que me distingue dos demais espíritos: é o fato de eu não estar na luz. Meu hábitat é a escuridão, os locais trevosos onde há sofrimento, escravidão, dominação coletiva, magismo negativo, castelos de poder alimentados pelo mediunismo na Terra que buscam a satisfação imediata dos Homens. O que eu faço lá? Eu, um simples Exu entre tantos outros, levo a luz às trevas, qual cavaleiro com candeeiro em punho.

Dentro da Lei Universal de Equilíbrio, eu abro e fecho, subo e desço, atuo na horizontal e na vertical, no leste e no oeste, atrás e na frente, em cima e embaixo, impondo sempre o equilíbrio às criaturas humanizadas neste planeta, encarnados e desencarnados aos milhões. O Cosmo é movimento, nada está parado, nada é estático. Eu sou movimento. Não sou as ondas do mar, mas eu as faço movimentarem-se... Não sou as estrelas na abóbada celeste, mas meu movimento faz sua luz chegar às retinas humanas... Não sou o ar que perpassa as folhas, mas suas moléculas e partículas atômicas são mantidas em coesão e movimentadas pela minha força...

Iah, ah, ah!

Esse equilíbrio não se prende às vontades humanas e aos julgamentos de pecado, certo ou errado, moral ou imoral. Eu atuo no contínuo temporal do espírito e naquilo que é necessário para a evolução, retificando o carma quando justo. Se estiver programado nesta encarnação que serão ricos, assim será com axé de Exu. Se for o contrário, se em vida passada abusaram da riqueza, exploraram a mão de obra, mataram mineiros e estivadores de canaviais, estupraram escravas, serão mendigos inférteis para o equilíbrio de seus próprios espíritos. Nascerão em favela, sentindo nas entranhas o efeito de retorno, com axé de Exu que os ama. Tal como um elástico que é puxado ao ser esticado e depois volta à posição inicial, estarei atuando para que seja cumprida a Lei de Harmonia Universal, mesmo que "julguem" isso uma crueldade.

Eu, Exu, os compreendo, mas vocês ainda não me compreendem. Eu sou livre, livre e feliz. Vocês estão aprisionados e infelizes no ciclo das reencarnações sucessivas.

Eu dou risada. Iah, ah, ah, ah ! Sabem por quê? Porque eu sei que no dia em que o Sol não mais existir, e este planeta for mais um amontoado de rocha inerte vagando no Cosmo, estaremos vivos, vivos, muito vivos, evoluindo, evoluindo, sempre evoluindo.

Assim como vim para a Terra, como caravaneiro da Divina Luz, há milhares de anos, iremos todos para outro orbe quando este planeta "morrer". Quando esse dia chegar, vocês estarão menos iludidos com as pueris verdades emanadas dos Homens e seus frágeis julgamentos religiosos.

Eu, Exu, vou trabalhar arduamente para quando esse dia chegar, quem sabe vocês estejam livres da prisão do escafandro de carne, assim como eu.

Iah, ah, ah, ah, ah!

Obs.: o Exu que ditou esta mensagem é mais um dentre tantos que se denominam Exu Tiriri Rei da Encruzilhada e labutam em prol da Divina Luz, nossa amada Umbanda.*

---

* Para um aprofundamento no tema Exu, indicamos os livros *Exu – o poder organizador do caos* e *No reino de Exu – a retificação do destino*, ambos do autor Norberto Peixoto, editados pelo selo Legião Publicações.